SIMPLY

KÜNSTLICHE INTELLIGENZ

DK

DK | Penguin Random House

DK London
Lektorat
Jonathan Metcalf, Liz Wheeler, Daniel Byrne, Elizabeth Dowsett, Steve Setford, Alison Sturgeon, Andrew Szudek, Chauney Dunford, Gareth Jones

Gestaltung und Bildredaktion
Karen Self, Lee Griffiths, Mark Cavanagh

Umschlaggestaltung
Akiko Kato, Sophia M.T.T

Herstellung
Robert Dunn, Rachel Ng

Für die deutsche Ausgabe:
Projektbetreuung Carola Wiese
Herstellungskoordination Bianca Isack
Herstellung Inga Reinke

Titel der englischen Originalausgabe:
Simply Artificial Intelligence

Übersetzung Martina Hesse-Hujber
Lektorat Dr. Stephan Matthiesen

ISBN 978-3-8310-4846-5
5902-334439-23265-04

Druck und Bindung TBB, a.s., Slowakei

www.dk-verlag.de

BERATERIN

Hilary Lamb ist eine preisgekrönte Wissenschafts- und Technologiejournalistin, Redakteurin und Autorin. Sie studierte Physik an der University of Bristol und Wissenschaftskommunikation am Imperial College London, bevor sie fünf Jahre lang als Reporterin für Zeitschriften arbeitete. Sie hat an früheren DK-Titeln mitgearbeitet, unter anderem an *Technik einfach verstehen, Das Physik-Buch* und *SIMPLY. Quantenphysik*.

REDAKTIONELLER BERATER

Joel Levy ist ein Schriftsteller, der sich auf wissenschaftliche Themen und Wissenschaftsgeschichte spezialisiert hat. In seinen Büchern befasst er sich sowohl mit der klassischen Wissenschaft als auch mit ungewöhnlichen Technologien. Zu seinen Büchern gehören *The Infinite Tortoise: The Curious Thought Experiments of History's Great Thinkers, Gothic Science: The Era of Ingenuity and the Making of Frankenstein* sowie *Reality Ahead of Schedule: How Science Fiction Inspires Science Fact*.

MITWIRKENDE

Dr. Claire Quigley ist Informatikerin und hat zuvor für die Universitäten von Cambridge und Glasgow gearbeitet. Sie hat an der Entwicklung von Programmierkursen für die BBC und Virgin Media mitgewirkt und schrieb für mehrere frühere DK-Titel, unter anderem *Computer, Informatik, Internet für Eltern, Spiele mit Python® supereasy programmieren* und *Programmieren mit Python® supereasy*.

INHALT

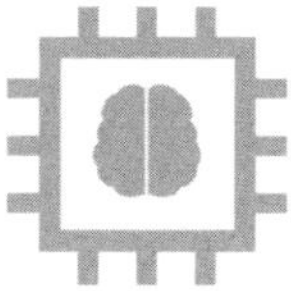

GESCHICHTE DER **KÜNSTLICHEN INTELLIGENZ**

KLASSISCHE KÜNSTLICHE INTELLIGENZ

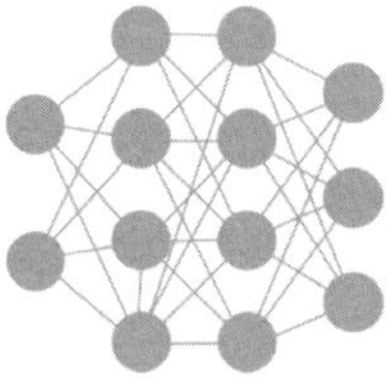

STATISTISCHE KÜNSTLICHE INTELLIGENZ

KÜNSTLICHE INTELLIGENZ IM EINSATZ

PHILOSOPHIE DER KÜNSTLICHEN INTELLIGENZ

LEBEN MIT KÜNSTLICHER INTELLIGENZ

WAS IST KÜNSTLICHE INTELLIGENZ?

Künstliche Intelligenz (KI) ist intelligentes Verhalten von Maschinen, die deshalb auch als »KI« bezeichnet werden. Die Geschichte der KI reicht bis in die 1950er zurück, als die ersten modernen Computer gebaut wurden. Seitdem gab es immer wieder ein Auf und Ab zwischen Begeisterung und Ernüchterung, und der Schwerpunkt verlagerte sich von einer KI, die auf formaler Logik basiert (die »klassische« oder »symbolische« KI), hin zu einer KI, die auf Daten und Statistik fußt. Heute dominiert in der KI-Forschung das maschinelle Lernen – die Nutzung großer Datensätze, um KI-Modelle wie künstliche neuronale Netze so zu trainieren, dass sie Aufgaben erfüllen, ohne explizit dafür programmiert zu werden. Mit diesem Ansatz kann man Modellen beibringen, Aufgaben schnell und versiert auszuführen.

In der breiten Öffentlichkeit wird KI oft als Konkurrenz zur menschlichen Intelligenz dargestellt – sogar als existenzielle Bedrohung. Tatsächlich sind die KI-Technologien in ihren Anwendungsmöglichkeiten eher begrenzt: Sie erreichen längst nicht die Intelligenz einer Katze, geschweige denn die eines Menschen. Dennoch ist die KI ein mächtiges Werkzeug, wenn sie für konkrete Probleme eingesetzt wird, wie das Lesen von Handschriften, die Empfehlung von Fernsehsendungen oder die Diagnose von Krankheiten.

Fast unbemerkt nutzen wir KI in unserem Alltag. Da sie jedoch immer mehr menschliche Aufgaben übernimmt, wirft ihre Verbreitung dringende und komplexe Fragen dazu auf, wie wir sicherstellen können, dass KI weiterhin der gesamten Menschheit dient und nicht nur sich selbst oder einer mächtigen Elite. Die Tatsache, dass Maschinen Aufgaben übernehmen, die früher als einzigartig menschlich galten, und sogar Kunst und Musik erschaffen, stellt unsere grundlegendsten Annahmen darüber in Frage, was es bedeutet, ein Mensch zu sein. Unsere Zukunft mit der KI ist ungewiss, aber sie ist eine, die Wissenschaftler, Ingenieure, Mathematiker, Philosophen, politische Entscheidungsträger und alle anderen, die ein Interesse an der Zukunft der Menschheit haben, mitgestalten können.

GESCHI

DER

KÜNSTL

INTELL

C H T E

I C H E N

I G E N Z

Lange bevor künstliche Intelligenz in der Praxis eingesetzt werden konnte, existierte in der Mythologie die Vorstellung einer »lebenden Maschine«, vor allem in den Legenden des griechischen und chinesischen Altertums. Ernst genommen wurde die Idee jedoch erst im 18. Jahrhundert, als Ingenieure komplexe, sich selbst bewegende Apparate – »Automaten« – entwickelten. Währenddessen dachten Philosophen darüber nach, ob das menschliche Denken durch die Verwendung von Symbolen simuliert werden könnte – eine Idee, die in den 1940er-Jahren zur Erfindung der ersten programmierbaren Digitalcomputer führte. Ende der 1950er-Jahre war die KI bereits ein anerkanntes Studienfach, und die Computer wurden immer leistungsfähiger. Dies wiederum hat zur Entwicklung immer vielseitigerer KI geführt – wenn auch zu keiner, von der man sagen kann, dass sie »lebendig« sei.

FAST WIE LEBENDIG

Ein Automat ist eine Maschine, die in der Lage ist, selbstständig zu funktionieren, indem sie eine Folge von programmierten Anweisungen befolgt. In der Vergangenheit waren die meisten Automaten Spielzeug – oft mechanisch bewegte Figuren oder Tiere, von denen einige erstaunlich lebensecht wirkten. Moderne elektronische Automaten, »Animatronics«, werden typischerweise für die Darstellung von Film- oder Themenparkfiguren verwendet.

In der KI bezieht sich das Wort »Automat« auf einen Computer, der programmiert werden kann, um eine bestimmte Aufgabe auszuführen, z. B. die Vorhersage des Aktienmarktes oder eine Analyse des Kundenverhaltens. Die neuesten KI-Systeme sind hoch entwickelt und scheinen ihren eigenen Kopf zu haben. Doch noch existiert keine, die ihr eigenes Handeln kontrollieren kann.

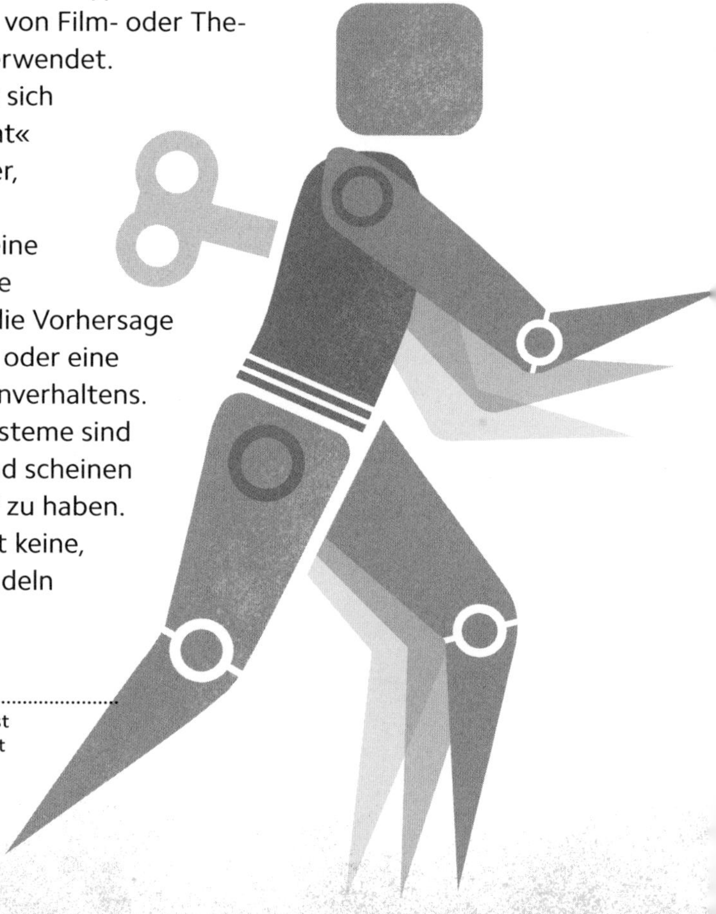

ANDROID

Ein Android oder Roboter ist ein Automat, der entwickelt wurde, um menschliches Verhalten zu imitieren.

INTELLIGENZ DEFINIEREN

Der englische Mathematiker Alan Turing (1912–1954) entwickelte einen Test, mit dem festgestellt werden kann, ob eine Maschine über menschenähnliche Intelligenz verfügt (siehe S. 130–131). Ursprünglich konzentrierte sich der Test auf die numerische Intelligenz, also die Fähigkeit, mathematische Berechnungen durchzuführen. Da es jedoch verschiedene Arten von Intelligenz gibt, argumentieren Wissenschaftler heute, dass eine KI jede Art von Intelligenz aufweisen muss, damit sie als gleichwertig mit einem Menschen angesehen werden kann. Vereinfacht gesagt gibt es acht Arten von Intelligenz, darunter die sensorische Intelligenz (die Fähigkeit, mit der Umwelt zu interagieren) und die reflexive Intelligenz (die Fähigkeit, das eigene Verhalten zu reflektieren und zu ändern).

»Ich weiß, dass ich nicht weiß.«
Sokrates

DENKEN = VERARBEITUNG

»Computationalismus« nennt man die Idee, dass alles Denken, ob menschlich oder künstlich, eine Form der Informationsverarbeitung (siehe S. 15) ist – insbesondere Prozesse, bei denen Algorithmen symbolische Eingaben in symbolische Ausgaben umwandeln (siehe S. 36). Vertreter des Computationalismus sind der Ansicht, dass das menschliche Gehirn ein Computer ist und eine künstliche Intelligenz daher eines Tages in der Lage sein sollte, alles zu tun, was ein Gehirn tun kann. Eine solche KI würde also nicht nur das Denken simulieren, sie würde – meinen Computationalisten – ein echtes, menschenähnliches Bewusstsein haben.

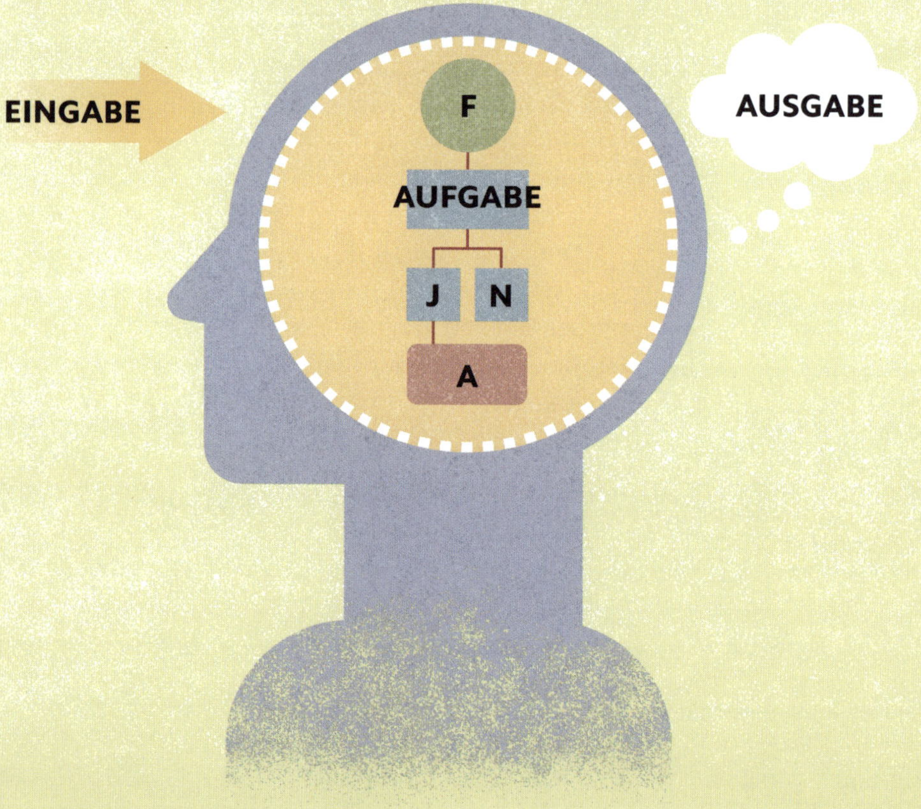

NULLEN UND EINSEN

Ein Binärcode ist ein Code, der Informationen, z. B. Anweisungen, mit nur zwei Ziffern darstellt. Der in der Datenverarbeitung am häufigsten verwendete Binärcode besteht aus den Ziffern 0 und 1, die jeweils für ein »Datenbit« stehen. Jede Zahl kann in Nullen und Einsen umgewandelt werden – so ist die Dezimalzahl 12 in Binärcode 1100 – ebenso wie jeder Buchstabe eines Alphabets. Die beiden Ziffern können auch die beiden Zustände eines elektrischen Stroms darstellen – »ein« oder »aus« –, was bedeutet, dass Software, die in Binärcode geschrieben ist, von einem Computer gelesen werden kann.

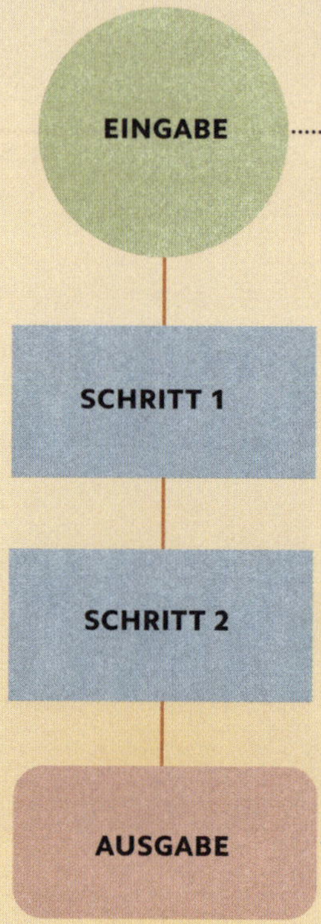

START

Die Eingabe umfasst alle Informationen oder Daten, die in den Algorithmus eingegeben werden, um eine Ausgabe zu erzeugen.

Verarbeitung

Ein Algorithmus besteht aus einer Reihe von Schritten, die nacheinander die Eingabedaten verarbeiten, um eine gewünschte Ausgabe zu erzielen.

ENDE

Die Ausgabe umfasst alle Informationen oder Daten, die vom Algorithmus erzeugt werden.

SCHRITT FÜR SCHRITT

Ein Algorithmus ist eine Folge von Anweisungen zur Ausführung einer Aufgabe. Eine Eingabe, z.B. Informationen oder Daten, wird Schritt für Schritt verarbeitet, um ein gewünschtes Ergebnis, eine Ausgabe, zu erzielen. Die Aufgabe oder der Prozess kann eine einfache Berechnung, das Befolgen eines Kochrezepts oder die Lösung komplexer mathematischer Gleichungen sein. Ein Algorithmus ist ein Beispiel für das, was Mathematiker ein »effektives Verfahren« nennen, d.h., er hat eine endliche Anzahl von Schritten und führt zu einer bestimmten Antwort oder Ausgabe.

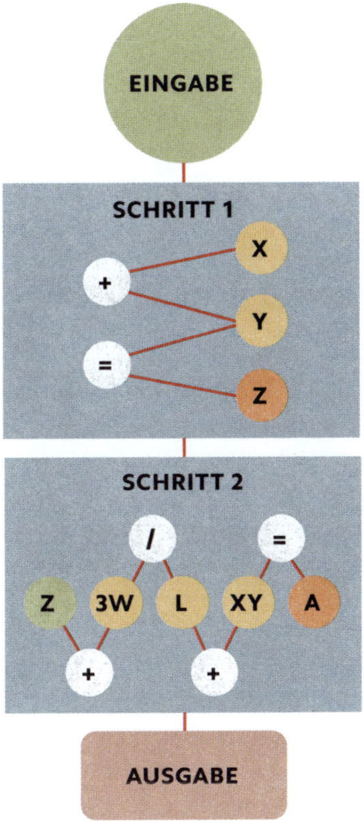

Bestandteile einer Berechnung
Berechnungen haben eine Eingabe und eine Ausgabe, bestehen aus mehreren Schritten und können einfache Summen oder komplexe Gleichungen sein.

ALGORITHMEN IN AKTION

Eine Berechnung folgt den Rechenschritten eines Algorithmus (siehe S. 14). Das einfachste Beispiel hierfür ist eine Rechenoperation, bei der man im Kopf zwei dreistellige Zahlen addiert und dazu eine Reihe von Rechenschritten befolgt. Computer verwenden Symbole, um Zahlen darzustellen, aber Symbole können auch beliebige andere Dinge darstellen (siehe S. 36). Mit den richtigen Symbolen und Algorithmen werden selbst hochkomplexe Berechnungen möglich.

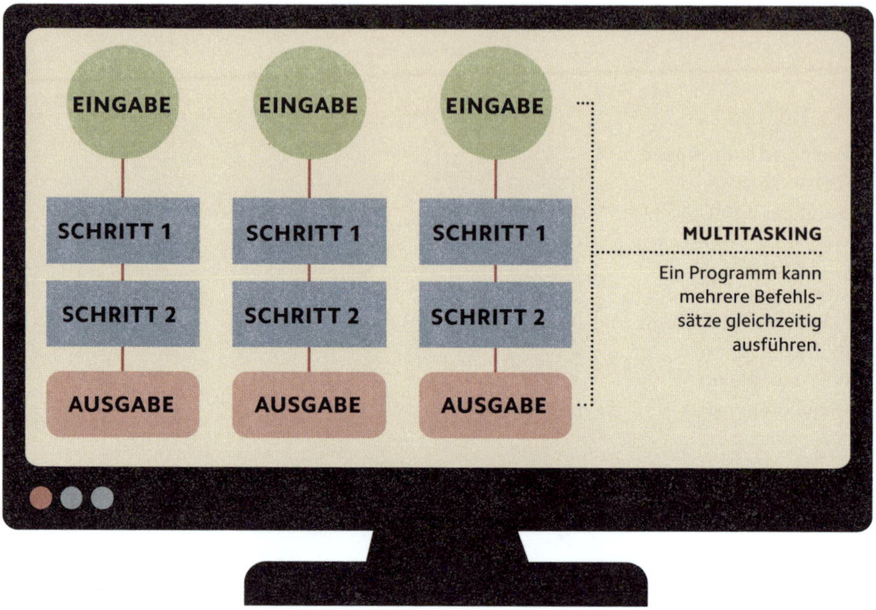

COMPUTER ANWEISEN

Ein Programm ist eine codierte Abfolge von Anweisungen, mit denen ein Computer eine oder mehrere Aufgaben ausführen kann. Das erste Programm stammte von Charles Babbage (siehe S. 17). Er ließ sich von der Konstruktion eines Seidenwebstuhls inspirieren, dessen Teile sich aufgrund eines Musters aus Löchern, die in eine Karte gestanzt waren, auf und ab bewegten. Babbage erkannte, dass in solchen Löchern Anweisungen für die Betätigung der Zahnräder und Hebel einer von ihm entworfenen Maschine, der »Analytical Engine«, gespeichert werden konnten. Moderne Computer arbeiten nach demselben Prinzip und folgen Anweisungen, die in der Regel in Binärcode geschrieben sind (siehe S. 13).

DIE ERSTEN MECHANISCHEN COMPUTER

Im 19. Jahrhundert wurde die komplexe Arbeit zur Erstellung von Zahlentabellen (die in der Navigation, der Kriegsführung und anderen Bereichen verwendet wurden) von Menschen übernommen. Um durch menschliches Versagen verursachte Fehler zu vermeiden, erfand der englische Mathematiker Charles Babbage (1791–1871) die sogenannte »Differenzmaschine« – eine Maschine, die mathematische Berechnungen mechanisch durchführen konnte. Später erfand er die »Analytical Engine« – eine Allzweckrechenmaschine, die mit Lochkarten programmiert werden konnte (siehe S. 16) und über getrennte Speicher- und Verarbeitungseinheiten verfügte. Obwohl sie nie gebaut wurde, wies die »Analytical Engine« viele der zentralen Eigenschaften moderner Computer auf (siehe S. 22).

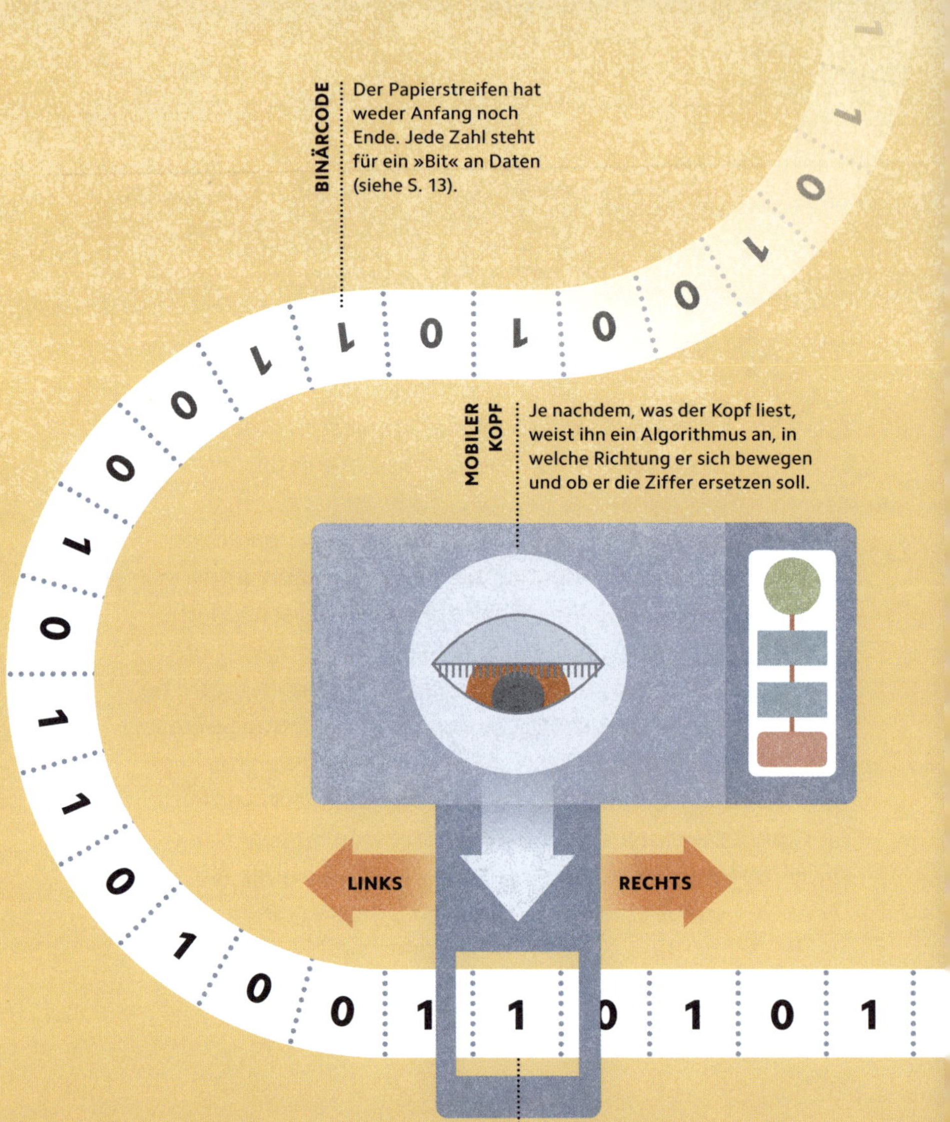

BINÄRCODE
Der Papierstreifen hat weder Anfang noch Ende. Jede Zahl steht für ein »Bit« an Daten (siehe S. 13).

MOBILER KOPF
Je nachdem, was der Kopf liest, weist ihn ein Algorithmus an, in welche Richtung er sich bewegen und ob er die Ziffer ersetzen soll.

CODIERTE DATEN
Jedes Quadrat des Bandes enthält 0 oder 1, je nachdem, wie das Problem im Binärcode programmiert wurde.

EIN ERSTER ENTWURF

1936 entwarf der englische Mathematiker Alan Turing (1912–1954) eine Maschine, die jedes Problem lösen sollte, das »berechenbar« gemacht werden konnte (siehe S. 15). Solange also das Problem mithilfe von Symbolen und Algorithmen geschrieben und in Binärcode (siehe S. 13) übersetzt werden konnte, konnte seine Maschine es lösen. Das Gerät bestand aus einem Lesekopf, der sich über ein mit binären Informationen versehenes Band bewegte. Obwohl sie nie gebaut wurde, löste die Turingmaschine die Computerrevolution aus, indem sie bewies, dass eine Maschine jedes berechenbare Problem lösen kann.

1 0 1 1 1 0 0 0 1 0 1 1

Maschine als Problemlöser
Ein »Schreib-/Lesekopf« bewegt sich auf einem Papierband hin und her. Je nach den Anweisungen eines Algorithmus wechselt er von 1 auf 0 und umgekehrt, je nachdem, wie die vorherige Anweisung lautet.

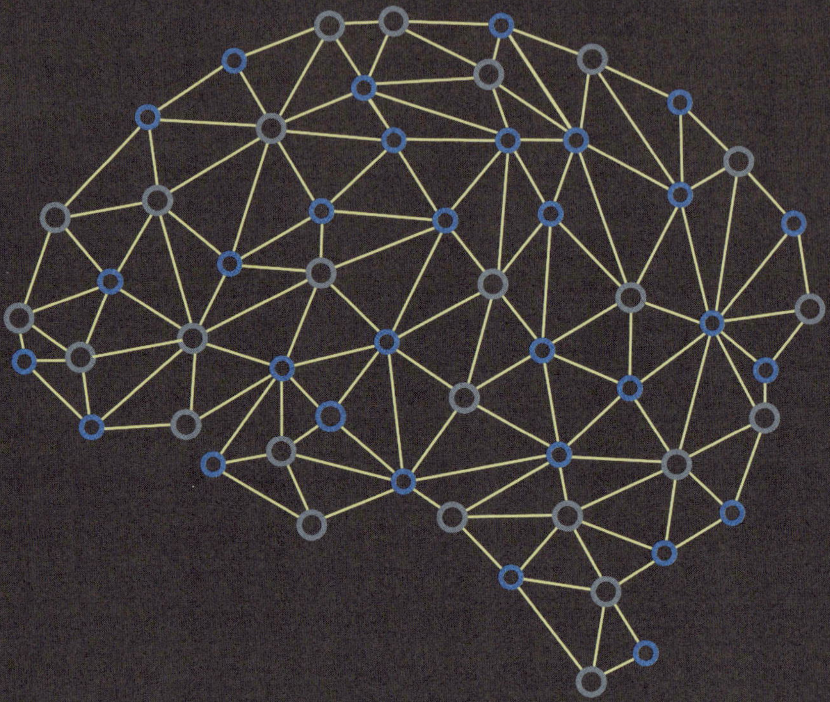

EIN ELEKTRONISCHES GEHIRN

Alan Turing (siehe S. 18–19) hatte gezeigt, dass eine Maschine mit der richtigen Kombination von Symbolen jede Berechnung durchführen kann (siehe S. 15). 1943 wiesen der Wissenschaftler Walter McCulloch (1898–1969) und der Mathematiker Walter Pitts (1923–1969) nach, dass Netze aus Einheiten, die auf menschlichen Nervenzellen – Neuronen – basierten und elektrische Signale hin- und herleiteten, eine Turingmaschine kopieren konnten. Sie vertraten die Ansicht, dass das Gehirn eine Art lebender Computer sei, dass also ein Programm, das im menschlichen Gehirn abläuft, auch in einem elektronischen Gehirn laufen könnte. Diese Theorie ist bekannt als das Prinzip der »multiplen Realisierbarkeit« (siehe S. 136).

KÜNSTLICHE NEURONEN

Jedes der 86 Milliarden Neuronen (Nervenzellen) im menschlichen Gehirn ist ein winziger Prozessor, der elektrische Signale (Eingänge) von anderen Neuronen empfängt und eigene Signale (Ausgänge) aussendet. McCulloch und Pitts (siehe S. 20) erkannten, dass Neuronen als Logikgatter fungieren können – Geräte, die je nach Eingabe ein- oder ausgeschaltet werden können (siehe S. 13). Das McCulloch-Pitts-Neuron ist ein vereinfachtes Modell und funktioniert, indem es zunächst die Werte seiner Eingänge (Signale von anderen Neuronen) jeweils mit einer Variablen, dem »Gewicht« (siehe S. 78), multipliziert – dies repräsentiert die Stärke der Verbindung zwischen den Neuronen – und sie dann addiert. Wenn die summierten Signale einen bestimmten Wert überschreiten (siehe S. 79), dann sendet das Neuron ein Ausgangssignal. Diese Auslösung (Triggerung) wird als »Aktivierungsfunktion« bezeichnet.

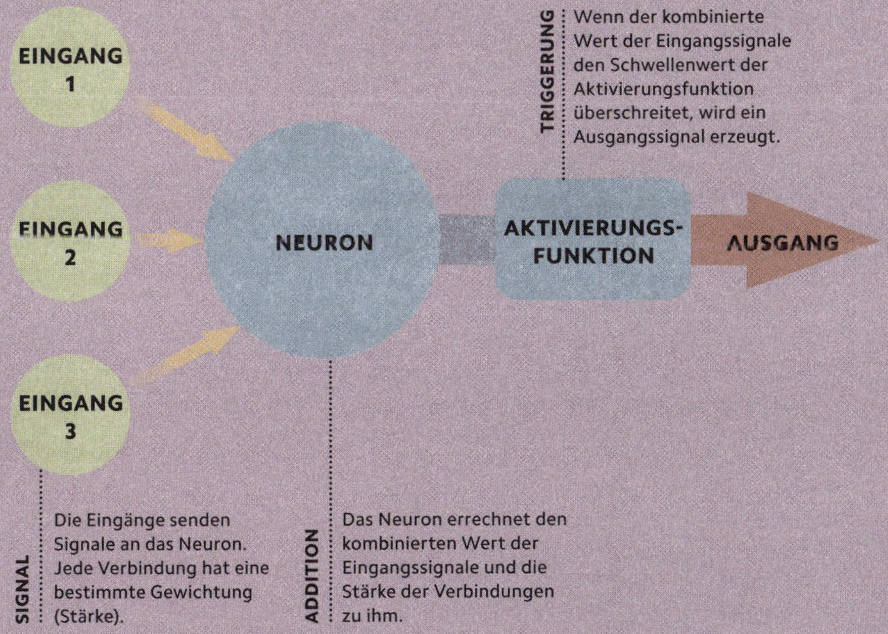

EIN PROGRAMMIERBARER COMPUTER

Der ENIAC (Electronic Numerical Integrator and Computer) war eine frühe elektronische Rechenmaschine, die zwischen 1943 und 1946 in den USA gebaut wurde. Er bestand aus über 18 000 Vakuumröhren (elektronische Bauteile, die Glühbirnen ähneln) und hatte eine Fläche von 167 m^2. Er berechnete Entfernungstabellen für die Artillerie (eine Liste mit Winkeln und Höhen, die erforderlich waren, um ein Ziel zu treffen) und gab seine Antworten auf Lochkarten aus Papier aus. In nur 20 Sekunden konnte er eine Berechnung durchführen, für die Menschen mit elektromechanischen Rechenmaschinen Stunden benötigten. ENIAC wurde programmiert, indem man die Anordnung der angeschlossenen Kabel änderte, was Tage in Anspruch nahm. Dies war die erste Rechenmaschine, die verschiedene Programme ausführen konnte.

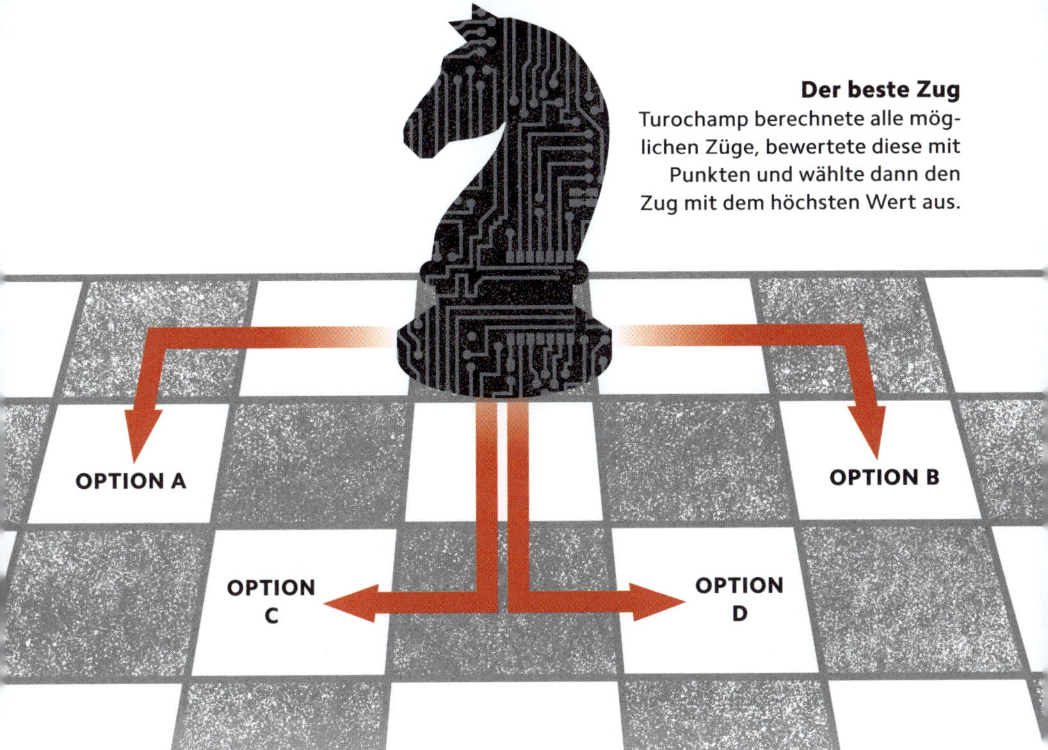

Der beste Zug
Turochamp berechnete alle möglichen Züge, bewertete diese mit Punkten und wählte dann den Zug mit dem höchsten Wert aus.

EIN THEORETISCHES PROGRAMM

1948 wollten Alan Turing (siehe S. 18–19) und der Mathematiker David Champernowne (1912–2000) den Beweis antreten, dass ein Computer mit dem richtigen Algorithmus auch in der Lage ist, eine Partie Schach zu spielen. Da es damals noch keine elektronischen Computer gab, die einen solchen Algorithmus ausführen konnten, begab sich Turing selbst in die Rolle des Computers und führte jeden Schritt des Algorithmus auf Papier aus. »Turochamp«, wie sie ihn nannten, war ein weiterer Beweis dafür, dass Computer (ob Mensch oder Maschine) komplexe Berechnungen durchführen können, ohne den Ablauf zu verstehen – sie müssen lediglich eine Reihe von Anweisungen befolgen.

DER BAUPLAN

John von Neumann (1903–1957) war ein ungarisch-amerikanischer Wissenschaftler, der an der Entwicklung des ENIAC (siehe S. 22), des ersten programmierbaren Computers, beteiligt war. Er entwarf ein Modell (siehe rechts), nach dem heute die Hauptkomponenten moderner Computer aufgebaut sind – die sogenannte Von-Neumann-Architektur. Der wichtigste Fortschritt war eine Speichereinheit, die sowohl die Programme (siehe S. 16) als auch die Daten (siehe S. 32) enthielt, wodurch die Maschinen schneller und einfacher umprogrammiert werden konnten als die bisherigen. Die Informationen in der Speichereinheit werden in eine zentrale Verarbeitungseinheit (CPU) eingespeist. In der CPU befindet sich eine Steuereinheit, die das Programm in Anweisungen umwandelt, die eine arithmetisch-logische Einheit (ALU) umsetzt, um unter Verwendung von Daten Berechnungen und Aufgaben durchzuführen. Die Ergebnisse werden dann in den Speicher zurückgespeichert.

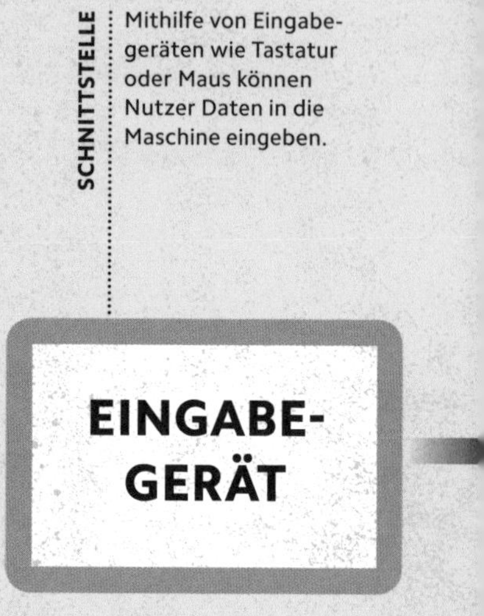

Struktureller Vorteil
Dieses Diagramm zeigt die Von-Neumann-Architektur. Da die Speichereinheiten aufgerüstet werden konnten, konnten die Rechner schneller und leistungsfähiger werden.

> **»Jede Rechenmaschine, die ein komplexes mathematisches Problem lösen soll, muss für diese Aufgabe ›programmiert‹ werden.«**
> John von Neumann

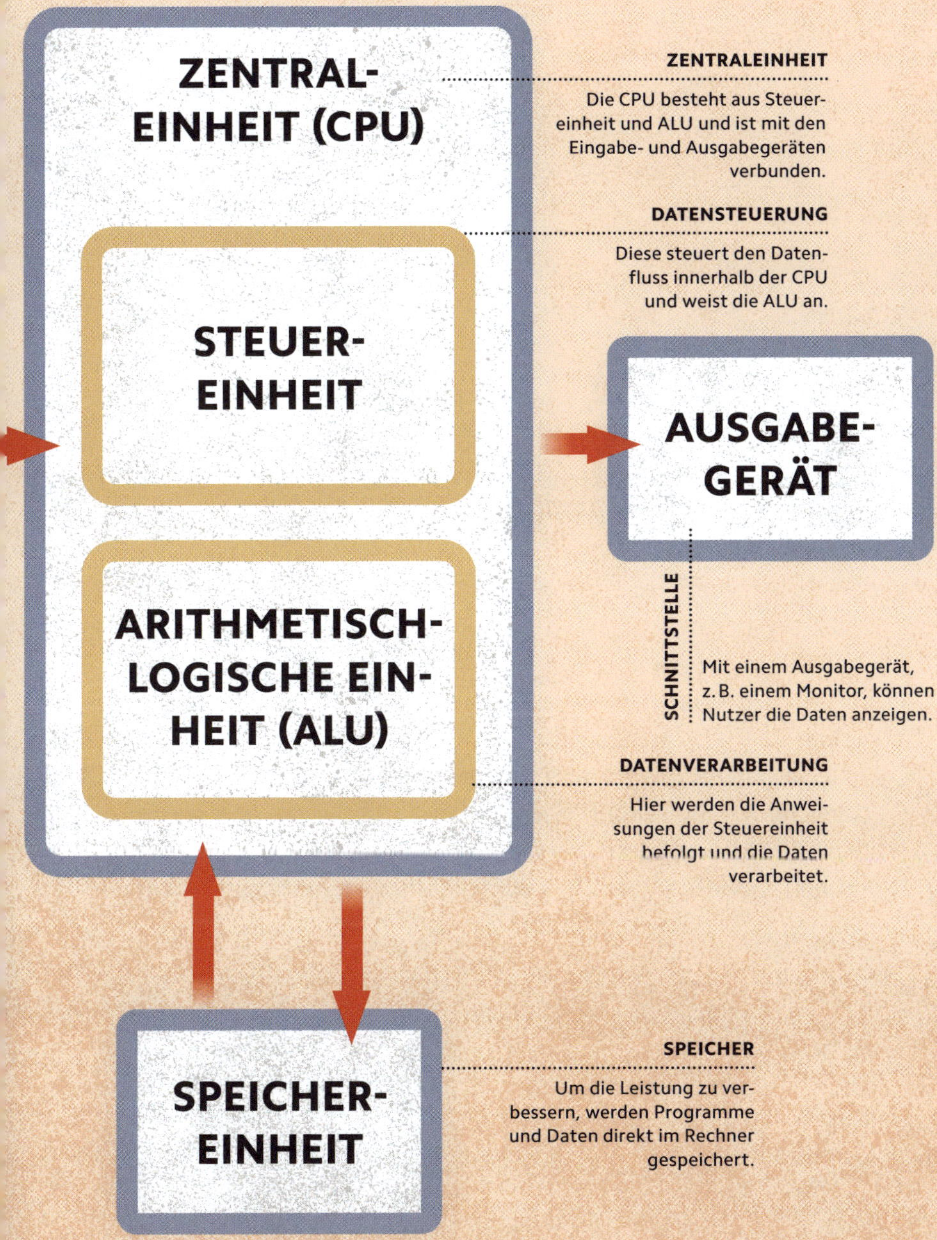

ZENTRALEINHEIT

Die CPU besteht aus Steuereinheit und ALU und ist mit den Eingabe- und Ausgabegeräten verbunden.

DATENSTEUERUNG

Diese steuert den Datenfluss innerhalb der CPU und weist die ALU an.

SCHNITTSTELLE

Mit einem Ausgabegerät, z. B. einem Monitor, können Nutzer die Daten anzeigen.

DATENVERARBEITUNG

Hier werden die Anweisungen der Steuereinheit befolgt und die Daten verarbeitet.

SPEICHER

Um die Leistung zu verbessern, werden Programme und Daten direkt im Rechner gespeichert.

ZWEI ARTEN VON KI

Unabhängig davon, ob das Gehirn nun nur eine Art lebende Rechenmaschine ist (siehe S. 12) – die menschliche Intelligenz und das Bewusstsein sind der Maßstab, an dem Wissenschaftler die Fähigkeiten von KI messen. Einige Wissenschaftler argumentieren, dass eine »schwache« KI – dazu gehören Computer, die bestimmte, begrenzte Aufgaben beherrschen, z. B. Schach spielen oder Sprachen übersetzen – die einzige Art von KI sei, die jemals gebaut werden könne. Andere glauben, dass es eines Tages eine »starke« KI – eine Intelligenz, die dem Menschen in jeder Hinsicht ebenbürtig ist – geben wird. Eine solche KI würde nicht nur über menschenähnliche kognitive Fähigkeiten verfügen; sie könnte, so argumentieren ihre Befürworter, auch ein Bewusstsein haben (siehe S. 128–129) – und ihr könnten Rechte zugestanden werden (siehe S. 135).

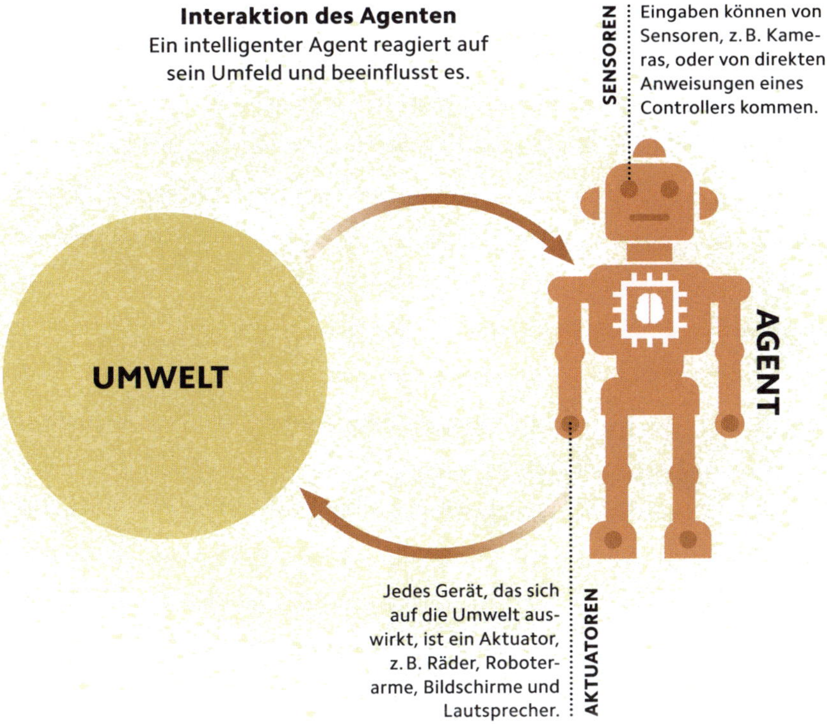

KI IN AKTION

Ein »intelligenter Agent« in der KI ist alles, was seine Umgebung – ob physisch oder digital – wahrnehmen, auf sie reagieren und sie beeinflussen kann. Beispiele hierfür sind Roboter, Thermostate und Softwareprogramme. Der Agent verfügt über »Sensoren«, mit denen er seine Umgebung wahrnimmt, und »Aktuatoren«, die er zur Interaktion mit seiner Umgebung nutzt. Welche Aktion der Agent durchführt, hängt von den spezifischen Zielen ab, die ihm gesetzt wurden, sowie davon, was er wahrnimmt. Einige Agenten sind lernfähig (siehe S. 58–59), sie sind also in der Lage, die Art und Weise zu ändern, wie sie auf die Bedingungen in ihrer Umgebung reagieren.

TRIAL-AND-ERROR

Maschinen, die einfache Anweisungen befolgen können, z. B. Rechenmaschinen, die mathematische Regeln anwenden, gibt es schon seit Jahrzehnten. Die Entwicklung von lernfähigen Maschinen – die Grundlage der modernen KI – ist viel jünger und komplexer. Hierzu verwenden die Programmierer Algorithmen (siehe S. 14), die durch Trial-and-Error-Verfahren immer wieder überarbeitet werden, um ihre Genauigkeit zu verbessern. Wie bei der natürlichen Evolution erfolgen die Verbesserungen allmählich und schrittweise. Mit fortschreitender Entwicklung ist die KI in der Lage, zu ihrem eigenen Lernen beizutragen, auch wenn sie derzeit noch menschliche Hilfe benötigt.

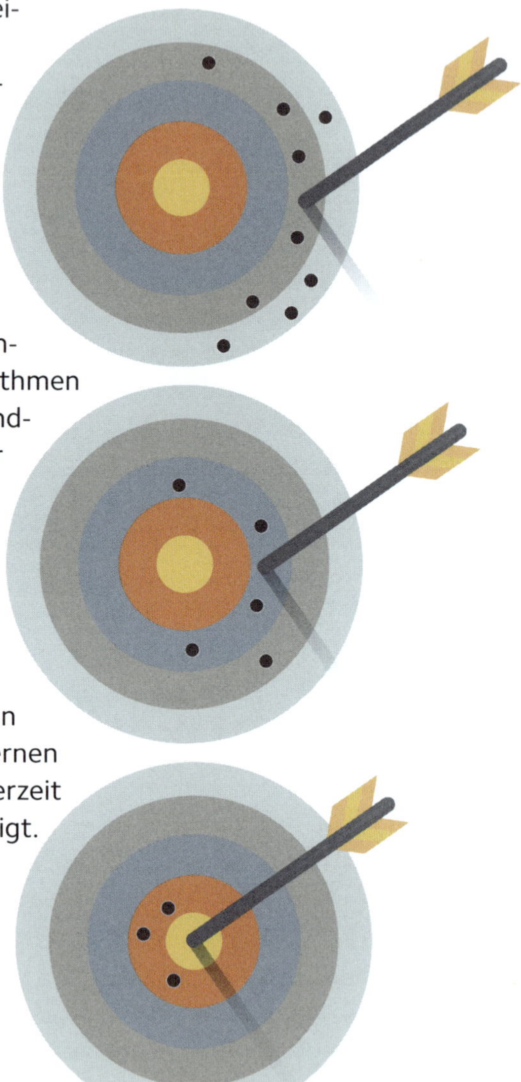

Verbesserte Genauigkeit
Maschinen das Lernen beizubringen bedeutet, sie genauer und zuverlässiger zu machen.

DAS GEHIRN IMITIEREN

Der Konnektionismus ist ein Ansatz in der KI, bei dem Informationen nicht durch Symbole, sondern durch Muster von Verbindungen und Aktivitäten in einem Netzwerk dargestellt werden. Diese Muster werden als »verteilte Repräsentationen« bezeichnet und die so durchgeführten Berechnungen als »Parallel Distributed Processing« (PDP). Konnektionisten meinen, dass Intelligenz erreicht werden kann, indem man einfache Verarbeitungseinheiten, wie künstliche Neuronen (siehe S. 21), zu riesigen »künstlichen neuronalen Netzen« (KNN, siehe S. 76) zusammenschließt, um PDP zu ermöglichen. Wie der Name sagt, basiert das konnektionistische Modell auf der Funktionsweise des Gehirns und nutzt die parallele Verarbeitung über miteinander verbundene Netze von Zellen, den Neuronen.

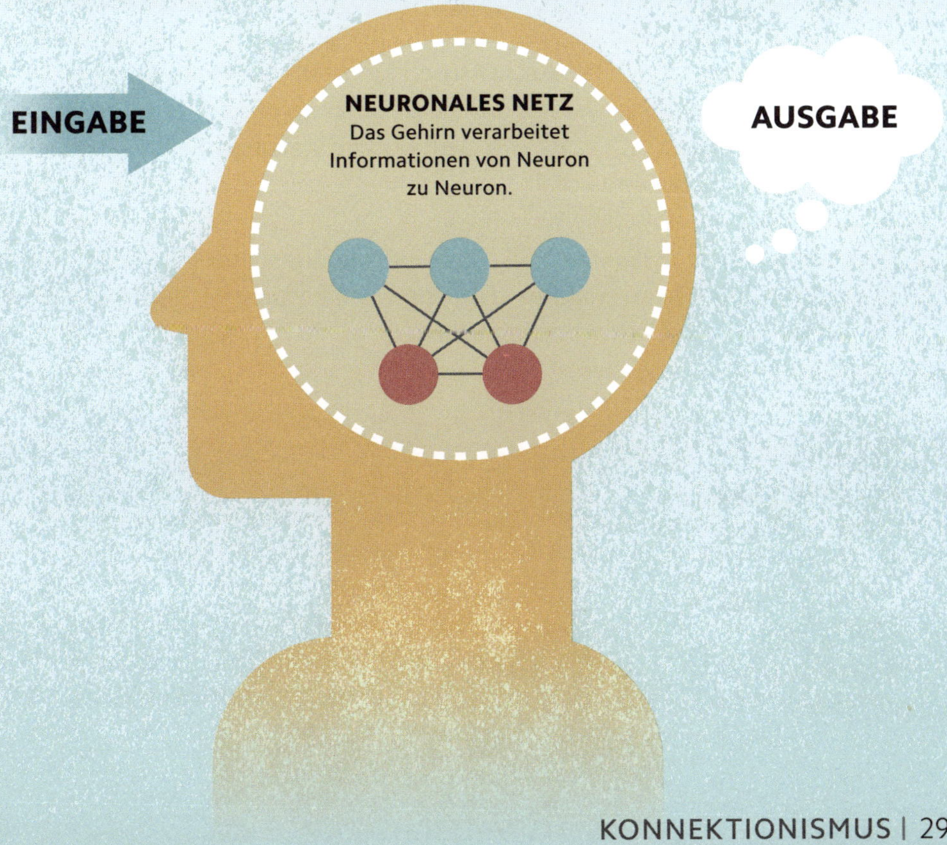

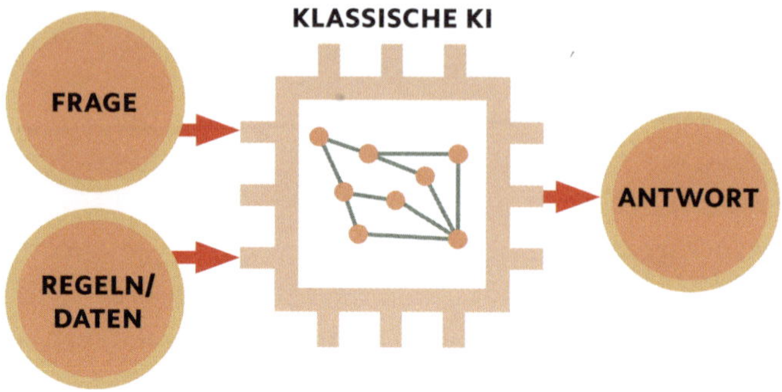

Deduktion
Klassische KI ahmt die menschliche Logik nach. Sie beantwortet Fragen, indem sie strenge mathematische Regeln befolgt.

KI-MODELLE

Die frühesten Formen der KI sind heute als klassische (oder symbolische) KI bekannt. Sie wurden nach dem Top-down-Ansatz konstruiert, bei dem Computerentwickler zunächst die Regeln des symbolischen Denkens – die Denkweise des Menschen – ausarbeiteten und sie in die KI einbauten. Ihre Leistung war stets durch die starre Anwendung der vom Menschen entwickelten Regeln und dem Verständnis der Programmierer für diese Regeln begrenzt. Im Gegensatz dazu wird die moderne statistische KI nach dem Bottom-up-Ansatz entwickelt. Sie wird mit großen Datenmengen und Werkzeugen für maschinelles Lernen (siehe S. 58–59) ausgestattet, mit denen sie Muster in den Daten finden kann. Mithilfe dieser Muster ist sie in der Lage, Modelle zu erstellen, die zeigen, wie bestimmte Systeme (z. B. Finanzmärkte) unter bestimmten Bedingungen funktionieren.

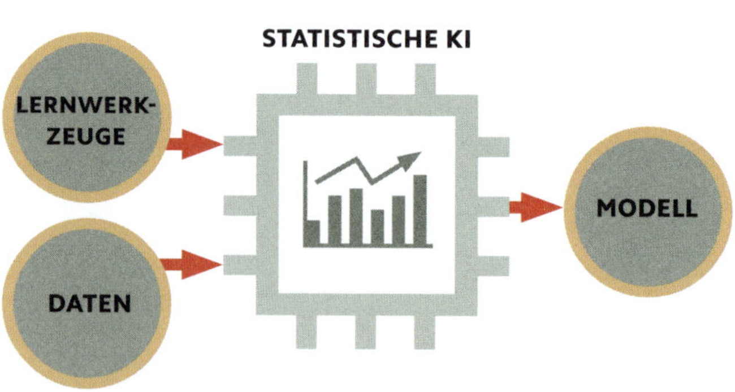

Modellierung
Die statistische KI verwendet Werkzeuge des maschinellen Lernens, um Modelle über die Funktionsweise von Systemen zu erstellen.

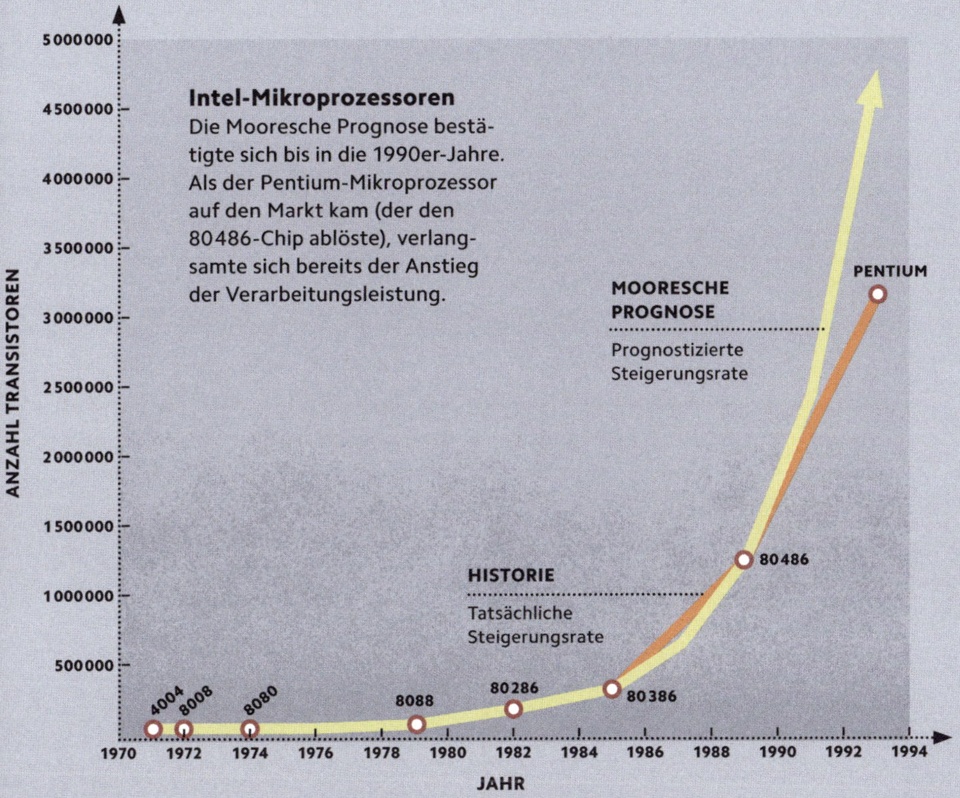

RECHENLEISTUNG

Das Mooresche Gesetz ist nach Gordon Moore (geb. 1929) benannt, dem Mitbegründer des Chip-Herstellers Intel. 1965 sagte Moore voraus, dass sich die Anzahl der Transistoren, die auf einem Computerchip untergebracht werden können, alle zwei Jahre verdoppeln würde. Aufgrund des technischen Fortschritts, insbesondere der Miniaturisierung, hat sich diese Vorhersage jahrzehntelang bewahrheitet, und obwohl sich die Entwicklung seither verlangsamt hat, steigt die Rechenleistung weiterhin jedes Jahr. Das bedeutet, dass KI in absehbarer Zukunft über die gleiche Rechenleistung wie das menschliche Gehirn verfügen wird, wenn die Berechnungsmethode korrekt ist (siehe S. 12).

ROHDATEN

Daten sind Informationen, die viele Formen annehmen können, z. B. Zahlen, Wörter oder Bilder. In der Informatik sind Daten eine Folge von Symbolen, die von einem Computer entsprechend seiner Programmierung gesammelt und verarbeitet werden. In modernen Computern sind diese Symbole die Einsen und Nullen des binären – oder digitalen – Codes (siehe S. 13). Diese Daten befinden sich entweder »at rest« (sind physisch in einer Datenbank gespeichert), »in transit« (werden für eine bestimmte Aufgabe verwendet) oder »in use« (werden gerade aktualisiert) und können auch zwischen Computern ausgetauscht werden. Daten werden danach klassifiziert, ob und wie sie gemessen werden können.

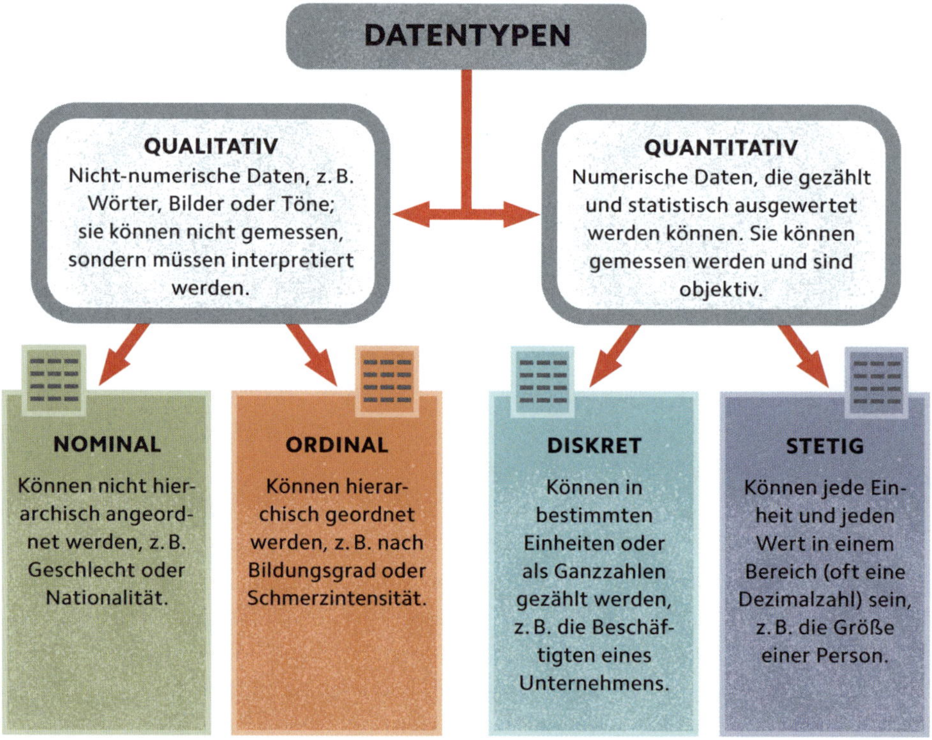

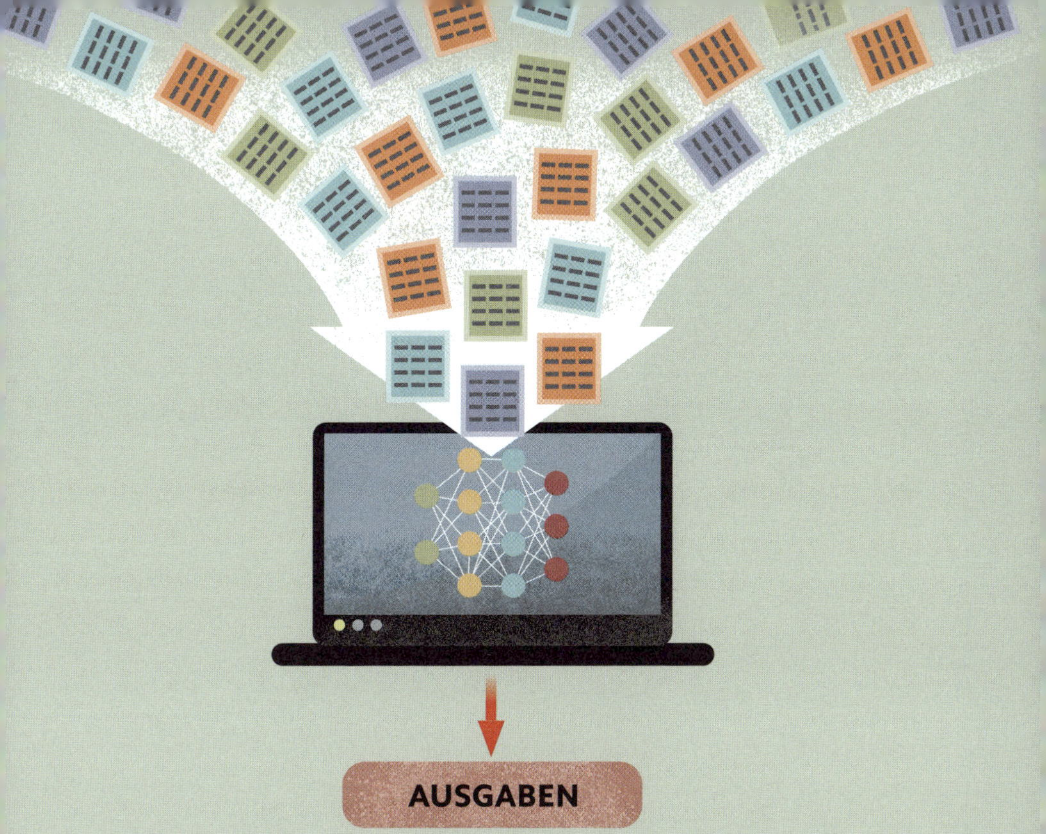

ALLES, ÜBERALL, JEDERZEIT

»Big Data« ist ein Begriff, der Datensätze beschreibt, die zu groß sind, um sie mit herkömmlicher Datenverarbeitungssoftware zu verarbeiten. Zu solchen Datensätzen gehören riesige Datenmengen über Menschen, deren Verhalten und Interaktionen. So nutzen z. B. Mobilfunkunternehmen die Telefone ihrer Kunden, um die täglichen Bewegungen von Milliarden von Menschen in jeder Sekunde eines jeden Tages zu verfolgen, und sie zeichnen diese Informationen in riesigen Datensätzen auf. Big Data wird in der KI häufig verwendet, z. B. zum Trainieren von maschinellem Lernen (siehe S. 58–59), für Wettervorhersagen oder zukünftiges Kundenverhalten (siehe S. 70–71) bis hin zum Schutz vor Cyberangriffen (siehe S. 97).

K L A S S I
K Ü N S T
I N T E L L

S C H E
L I C H E
I G E N Z

Von den 1950er- bis zu den 1990er-Jahren war das vorherrschende Paradigma in der KI-Forschung die klassische (auch »symbolische« oder »logische«) KI. Dieser KI-Ansatz basierte auf logischem Denken und verwendete Symbole und Regeln – die von menschlichen Programmierern geschrieben wurden –, um Konzepte und Beziehungen darzustellen. Die klassische KI hatte viele Erfolge, darunter KI, die Spiele spielen, einfache Gespräche führen und als »Expertensysteme« Fragen beantworten konnte. Obwohl die statistische KI die klassische KI inzwischen überholt hat, wurde der alte Ansatz nicht völlig aufgegeben. Viele Methoden sind in moderne KI-Anwendungen eingeflossen, etwa in die Verarbeitung natürlicher Sprache und in die Robotik.

GRAFISCH DARSTELLEN

In der KI ist ein »Symbol« eine grafische Darstellung eines realen Gegenstands oder Konzepts. Ein Symbol kann auch eine Gruppe aus anderen Symbolen sein, z. B. die Buchstaben, aus denen der Name eines Objekts gebildet wird. In der klassischen KI verkörpern Symbole die Gesamtsumme der relevanten Fakten und Informationen, die das System benötigt, um zu verstehen, was etwas ist. Daher werden die Daten gekennzeichnet (siehe S. 62–63) und mit einem Symbol verbunden. Das Symbol für einen Apfel enthält eine Fülle von Daten darüber, was ein Apfel ist und was nicht.

REGELN BEFOLGEN

Logik ist die Lehre vom sachlichen Argumentieren und von den Regeln, die bestimmen, was ein Argument stichhaltig macht. In der Praxis ermöglicht die Logik den Menschen, Aussagen über die Welt (sogenannte Prämissen) zu treffen und aus diesen Aussagen neue Informationen abzuleiten (Schlussfolgerungen). KI wird so programmiert, dass sie streng logischen Regeln folgt, um zuverlässige Schlussfolgerungen zu ziehen. Eine solche Regel ist der Syllogismus, der besagt: »Wenn alle As Bs sind und alle Bs Cs, dann sind alle As auch Cs.« Dank dieses einfachen Prinzips weiß die KI, dass alle Gegenstände einer bestimmten Klasse immer ein bestimmtes Merkmal haben.

Syllogistische Logik
Eine KI, die versteht, dass Obst gesund und ein Apfel Obst ist, weiß auch, dass Äpfel gesund sind.

WAS, WANN, WARUM UND WIE?

KI-Systeme nutzen bis zu fünf Arten von Wissen in ihrer Interaktion mit der Welt, aber nur zwei sind allen KI gemeinsam. Deklaratives Wissen ist die einfachste Form und beschreibt Tatsachenbehauptungen, z. B. »Katzen sind Säugetiere«, während prozedurales Wissen die KI anweist, wie bestimmte Aufgaben zu erledigen sind. In mancher KI sind heuristisches (siehe S. 43), strukturelles Wissen und Metawissen weitere Informationen, die sie in die Lage versetzen, Probleme zu lösen.

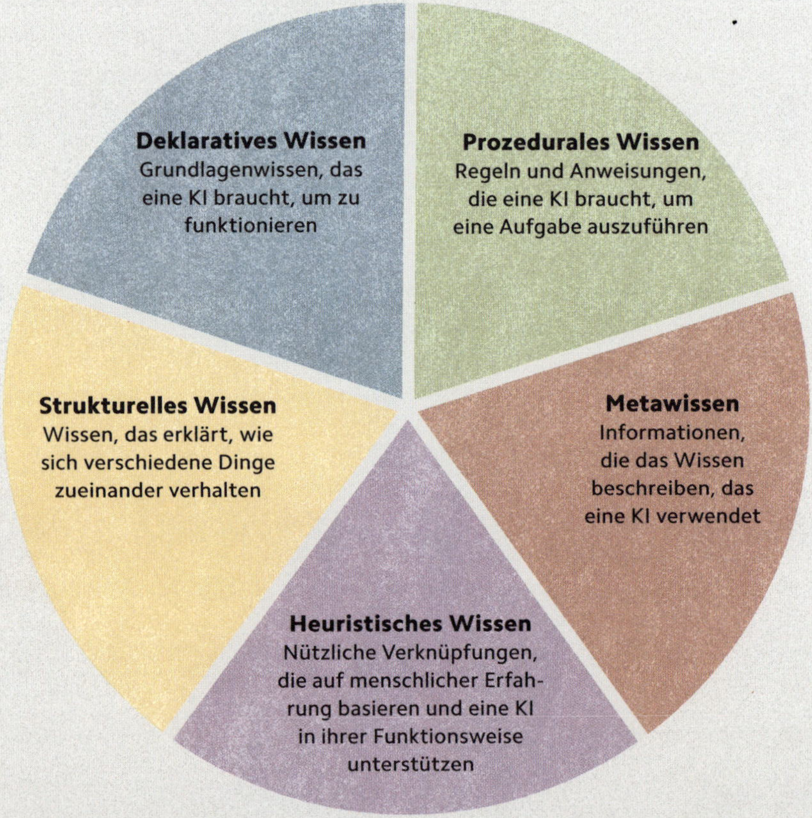

WISSEN DARSTELLEN

Damit eine KI Informationen richtig verstehen kann, müssen sie ihr sehr klar präsentiert werden. Im Wesentlichen gibt es hierfür vier Methoden: Die »logische Repräsentation« stellt die Informationen mit den exakten Wörtern einer natürlichen Sprache (oder Symbolen zu deren Darstellung) dar. Die »semantische Repräsentation« stellt sicher, dass die einzelnen Bedeutungen innerhalb der Information auf eine formale, logische Weise miteinander verbunden sind. Bei der »Repräsentation mit Frames« werden die Informationen in tabellarischer Form dargestellt, wobei die Fakten den einzelnen »Slots« zugeordnet werden. Die »Produktionsregeln« schließlich sind die Anweisungen, die angeben, welche Schlussfolgerungen eine KI aus den ihr zur Verfügung gestellten Informationen ableiten kann (siehe S. 37).

Logische Repräsentation
Aussagen mit Informationen sind klar, logisch und eindeutig.

Semantische Repräsentation
Die Beziehungen und Verbindungen zwischen den Fakten innerhalb der Information sind klar.

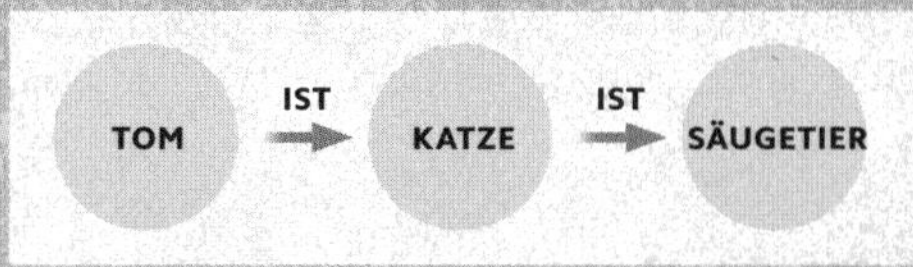

GRUPPE	SÄUGETIERE
GATTUNG	KATZE
NAME	TOM

Repräsentation mit Frames
Informationen können als einfache Tabellen dargestellt werden. Hier enthalten die »Slots« Details zur Katze Tom.

Produktionsregeln
Wenn eine »IF«-Anweisung wahr ist, kann eine »THEN«-Anweisung daraus abgeleitet werden.

IF (WENN)	THEN (DANN)
TOM IST EINE KATZE.	TOM IST EIN SÄUGETIER.

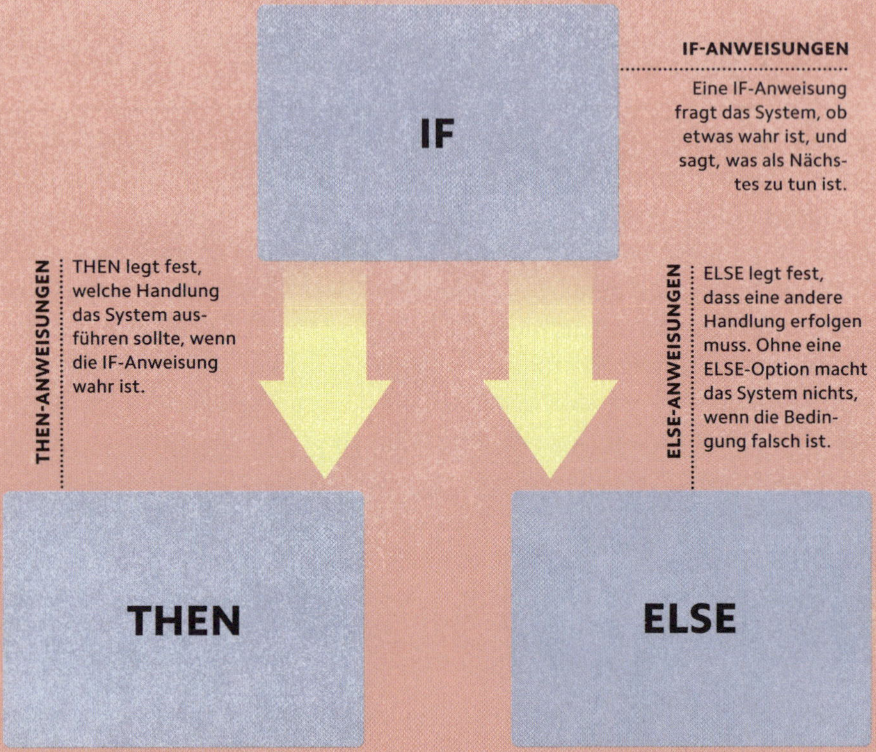

WENN DIES, DANN DAS

Ein regelbasiertes KI-System verwendet Anweisungen, die aus »IF-THEN«-Anweisungen bestehen, um auf der Grundlage eines anfänglichen Faktensatzes Schlussfolgerungen zu ziehen. Eine IF-THEN-Anweisung sagt dem System quasi: »Wenn diese Bedingung für den aktuellen Sachverhalt wahr ist, dann tu dies; wenn sie falsch ist, tue nichts.« Durch Hinzufügen einer »ELSE«-Option lassen sich kompliziertere Aussagen treffen: »Wenn (IF) dies wahr ist, dann (THEN) tu dies; sonst (ELSE) tu das.« Regelbasierte Systeme sind vorhersehbar, zuverlässig und »transparent«, d. h., es ist leicht zu erkennen, welche Regeln die KI anwendet. Allerdings kann eine regelbasierte KI nicht »lernen«, indem sie ihren Bestand an Regeln und Fakten ohne menschliches Zutun ergänzt.

»Vieles von dem, was wir mit maschinellem Lernen tun, bleibt unter der Oberfläche.«
Jeff Bezos

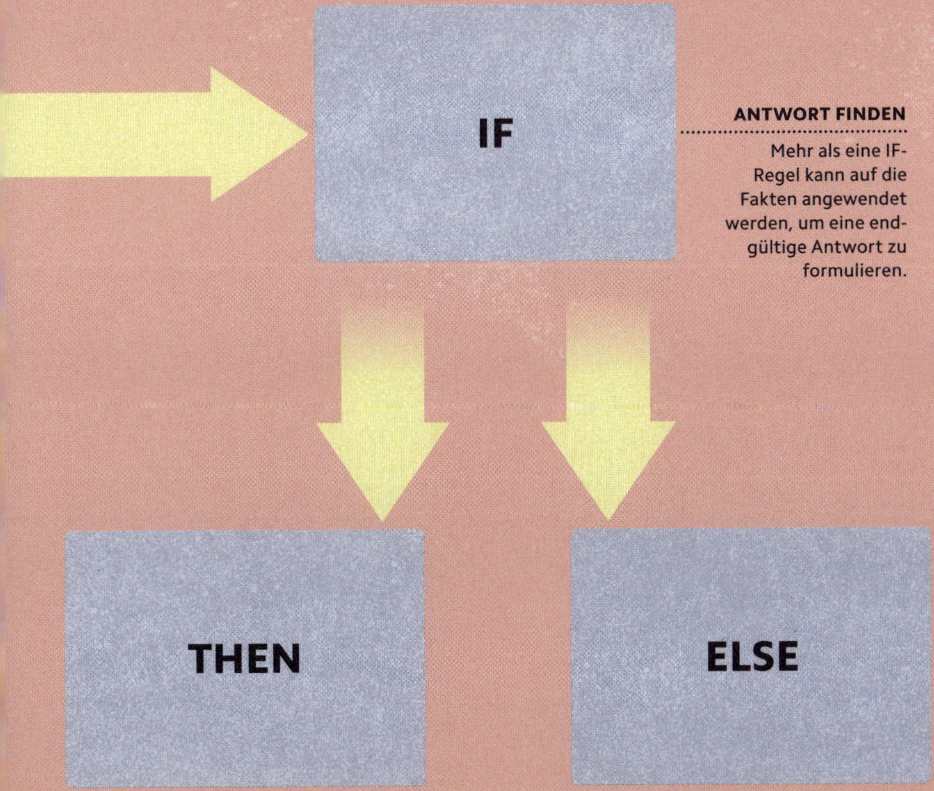

ANTWORT FINDEN

Mehr als eine IF-Regel kann auf die Fakten angewendet werden, um eine endgültige Antwort zu formulieren.

DER KÜRZESTE WEG

»Pathfinding« ist eine algorithmengestützte Suche nach dem kürzesten Weg zwischen zwei Punkten. Sie wird unter anderem in der Fahrzeugnavigation und bei Computerspielen eingesetzt. Der Algorithmus wird anhand eines gewichteten Graphen (s. u.) programmiert, der alle möglichen Pfade aufzeigt. Die Kreise oder »Knoten« stellen Wegpunkte oder besondere Orte dar, die durch Linien verbunden sind, sogenannte Kanten. Die Programmierer fügen den Kanten ein Gewicht (siehe S. 78) hinzu, das »Kosten« widerspiegelt, z. B. die Entfernung oder die Zeit. Der Algorithmus addiert die Gewichte, um den kürzesten Pfad zu finden.

START Der Algorithmus findet den kostengünstigsten Weg von »A« nach »Z«.

GEWICHTE Die Gewichte werden addiert, um die gesamten »Kosten« jedes möglichen Wegs zu berechnen.

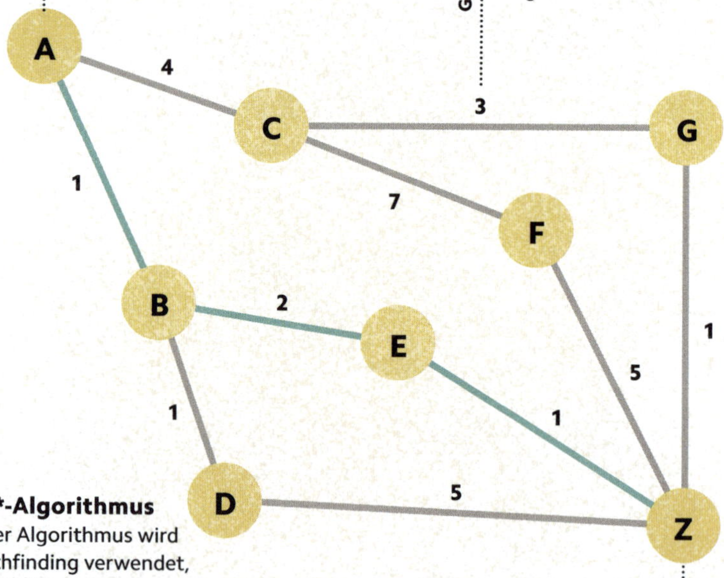

A*-Algorithmus
Dieser Algorithmus wird im Pathfinding verwendet, um den kürzesten Weg zwischen zwei Punkten oder Knoten zu finden.

ZIEL Der Weg »A, B, E, Z« hat die geringsten Kosten und stellt somit den kürzesten Weg dar.

UNVOLLKOMMENE LÖSUNGEN

Manche Probleme sind zu komplex, als dass ein Algorithmus sie schnell lösen könnte. In solchen Fällen kann eine KI eine »Brute-Force-Suche« durchführen, d. h., sie arbeitet jede mögliche Lösung methodisch durch und bewertet sie. Dies ist jedoch langsam und in manchen Fällen sogar unmöglich. Eine effizientere Alternative ist die Verwendung einer heuristischen Methode, die den gesunden Menschenverstand einsetzt und nach einer ungefähren Lösung sucht, indem an jedem Entscheidungspunkt auf der Grundlage der verfügbaren Informationen eine »ausreichend gute« Wahl getroffen wird.

WEGE

Die roten, gelben und grünen Wege sind gleich lang und stellen verschiedene Möglichkeiten dar, um einen Weg durch das Gittersystem abzubilden.

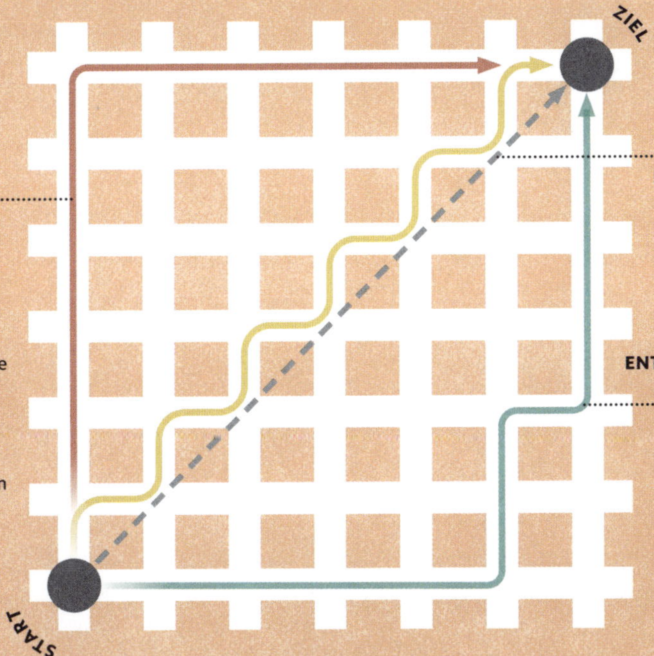

DIAGONALER WEG

In diesem Modell können keine diagonal verlaufenen Wege genommen werden.

ENTSCHEIDUNGSPUNKT

Die Heuristik leitet die KI an jeder Kreuzung an, die bestmögliche Wahl zu treffen.

Manhattan-Metrik

Die Manhattan-Metrik ist eine heuristische Methode, mit der Wege abgebildet werden, indem vertikal oder horizontal aneinandergereihte Quadrate berechnet werden. Sie kann verwendet werden, um einen Weg in einer Stadt mit einem Gittersystem zu planen, wie Manhattan oder Mannheim.

AUFGABE AUSFÜHREN

Verkörperte KI (siehe S. 118), z. B. Roboter, besitzt die Fähigkeit, planvoll vorzugehen, um praktische Probleme zu lösen. Bei der Planung geht es darum, die Umgebung oder den Ort, an dem die Aufgabe ausgeführt werden muss, zu verstehen und die für die Ausführung erforderlichen Aktionen zu planen. Die KI muss jeden Schritt, der zur Erfüllung der Aufgabe erforderlich ist, sowie die optimale (kostengünstigste) Reihenfolge, in der sie ausgeführt werden sollen (siehe S. 42), erkennen. Wenn die optimale Reihenfolge aus irgendeinem Grund nicht möglich ist, muss sie in der Lage sein, die nächstbeste Alternative zu wählen (siehe S. 43). Sie muss auch alle Handlungen erkennen und vermeiden, die sie an der Erfüllung ihrer Aufgabe hindern würden.

Vorausplanen
Der Roboter plant seine Aufgabe, indem er sie in eine Reihe aufeinanderfolgender Schritte aufteilt.

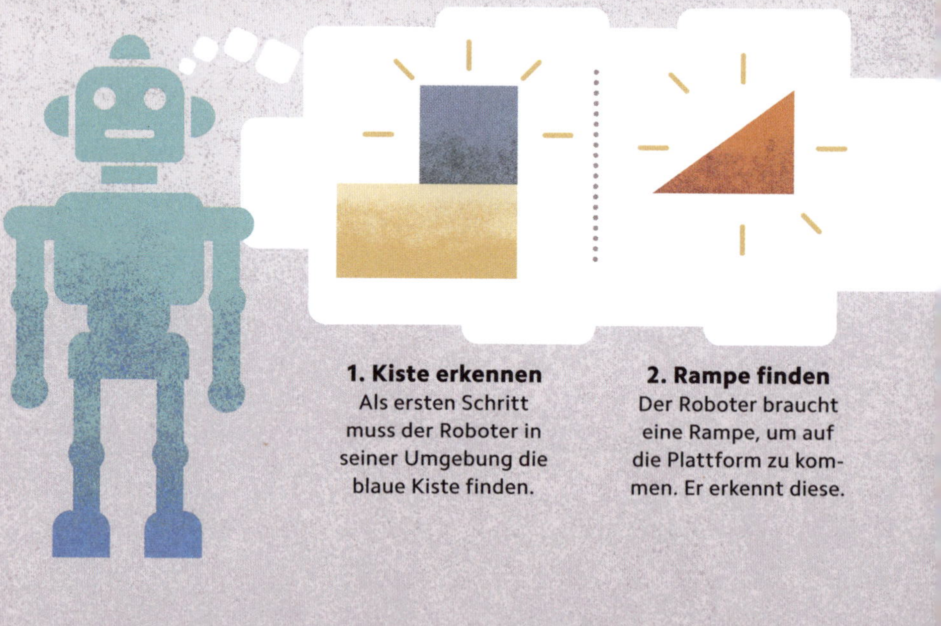

1. Kiste erkennen
Als ersten Schritt muss der Roboter in seiner Umgebung die blaue Kiste finden.

2. Rampe finden
Der Roboter braucht eine Rampe, um auf die Plattform zu kommen. Er erkennt diese.

UMGEBUNG

Der Roboter muss auf die Plattform klettern, um an die blaue Kiste zu gelangen.

Aufgabe

Der Roboter muss die blaue Kiste am Ende der Plattform herunterschieben.

3. Rampe verschieben

Die Rampe muss an die Plattform anliegen, also muss sie an die richtige Stelle geschoben werden.

4. Rampe erklimmen

Der Roboter kann jetzt die Rampe verwenden, um auf die Plattform und zur blauen Kiste zu gelangen.

5. Kiste herunterschieben

Wenn er auf der Plattform ist, kann der Roboter die Kiste herunterschieben. Die Aufgabe ist beendet.

Satz von Bayes
Die Wahrscheinlichkeit, dass ein Ereignis eintritt, z. B. Rauch bei einem gefährlichen Brand, hängt von den vorherigen Ereignissen ab, etwa von der bekannten Häufigkeit von Rauch und Feuer.

FEUER MIT RAUCH
Die Wahrscheinlichkeit, dass Ereignis A eintritt, wenn Ereignis B eingetreten ist; Beispiel: die Wahrscheinlichkeit, dass ein Feuer gefährlich ist, wenn Rauch vorhanden ist.

$$P(A|B) =$$

MIT UNSICHERHEIT UMGEHEN

Klassische KI basiert meist auf der Vorstellung, dass logische Aussagen (siehe S. 37) entweder wahr oder falsch sind, es also keinen Raum für Unsicherheiten gibt. Unsicherheiten sind jedoch ein unvermeidliches Merkmal des Lebens und können mithilfe des Konzepts der Wahrscheinlichkeit in die KI integriert werden. Die Wahrscheinlichkeit ist ein numerischer Wert, der angibt, wie wahrscheinlich es ist, dass etwas eintritt. Unter »probabilistischem Denken« versteht man jede Methode des Denkens, die die Wahrscheinlichkeit berücksichtigt. Der englische Statistiker Thomas Bayes (1702–1761) entwickelte eine Methode zur Berechnung der Eintrittswahrscheinlichkeit eines Ereignisses, die heute als »Satz von Bayes« bekannt ist. Anstatt die Wahrscheinlichkeit des Ereignisses isoliert zu berechnen, stützt sich dieser Satz auf das Vorwissen über die relevanten Bedingungen.

RAUCH MIT FEUER: Die Wahrscheinlichkeit, dass Ereignis B eintritt, wenn Ereignis A eingetreten ist; Beispiel: die Wahrscheinlichkeit, dass Rauch ein gefährliches Feuer begleitet.

FEUER: Wahrscheinlichkeit, dass Ereignis A eintritt; Beispiel: Häufigkeit gefährlicher Feuer

$$\frac{P(B|A)\,P(A)}{P(B)}$$

RAUCH: Wahrscheinlichkeit, dass Ereignis B eintritt; Beispiel: Häufigkeit von Rauch

»… Wahrscheinlichkeitstheorie ist im Grunde nur der der Berechnung unterworfene gesunde Menschenverstand.«
Pierre-Simon Laplace

VERÄNDERUNGEN MODELLIEREN

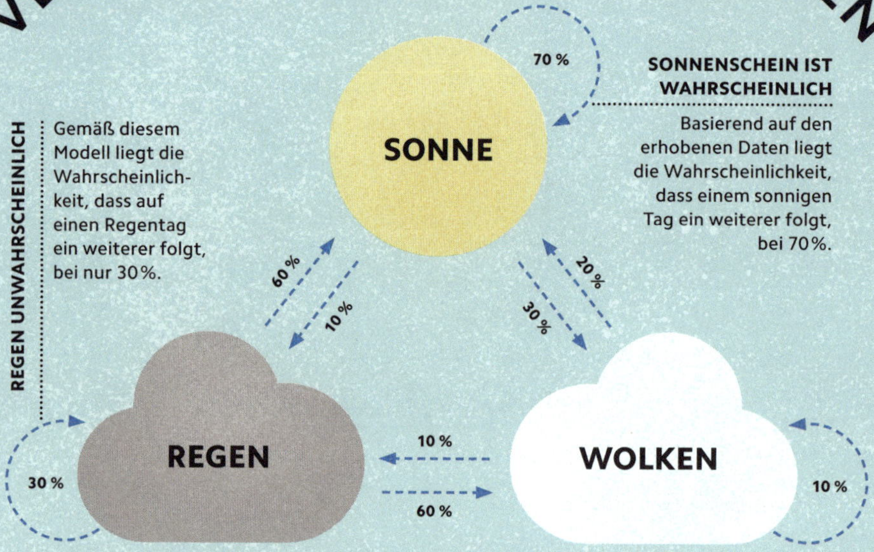

Eine Markow-Kette ist ein Modell, das eine Abfolge möglicher Ereignisse beschreibt, wobei die Wahrscheinlichkeit jedes Ereignisses von dem Zustand abhängt, der beim vorangegangenen Ereignis erreicht wurde. Das Modell sagt die Ergebnisse auf der Grundlage der Wahrscheinlichkeitsregeln (siehe S. 46–47) und der zu dem betreffenden Thema gesammelten Daten voraus. Sobald es trainiert wurde (siehe S. 61), muss es nur noch die Bedingungen der unmittelbaren Vergangenheit (den vorherigen Zustand) kennen, um die relevanten Informationen für die Wahrscheinlichkeit des nächsten Zustands vorherzusagen. Markow-Ketten werden in der KI häufig eingesetzt – von der Vorhersage von Wettermustern und Finanzmarktbedingungen bis hin zum Einsatz bei der Texterkennung.

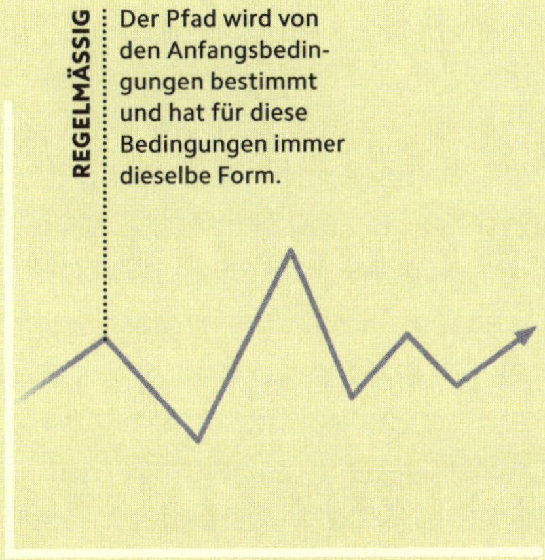

Deterministische Modelle
In einem deterministischen Modell gibt es keine Zufallsvariablen. Ergebnisse aus einer Reihe von Eingaben werden in vorhersehbarer Weise miteinander verknüpft.

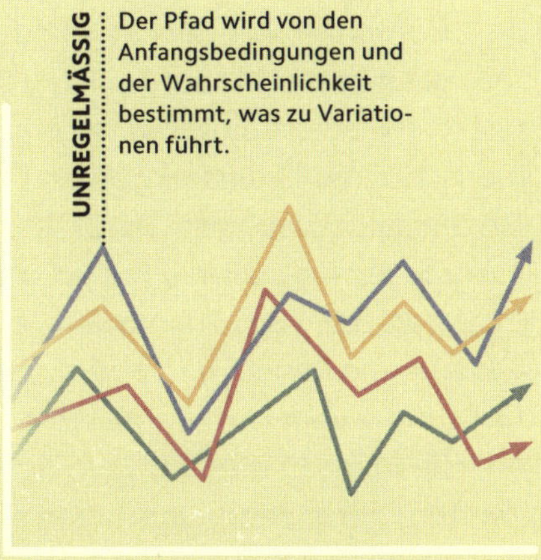

Stochastische Modelle
Ein stochastisches Modell enthält Zufallsvariablen. Die Ergebnisse sind weniger vorhersehbar und können nicht eindeutig einander zugeordnet werden.

UNSICHERHEIT MODELLIEREN

Mithilfe stochastischer Modelle kann die KI Vorhersagen über Prozesse und Situationen treffen, die von Zufallsereignissen beeinflusst werden, z. B. Veränderungen auf dem Aktienmarkt oder die Vermehrungsrate von Bakterien. Die unbeständigen und sich ständig verändernden Faktoren in diesen Szenarien werden durch Zufallsvariablen dargestellt, denen jeweils ein Wert basierend auf der Wahrscheinlichkeit ihres Auftretens zugewiesen wird. Ein stochastisches Modell verarbeitet dann Tausende von Kombinationen von Variablen und erstellt eine Verteilungskurve, die die Wahrscheinlichkeit der verschiedenen Ergebnisse unter verschiedenen Umständen zeigt.

AUTOMATISIERTE BERATUNG

Computerprogramme, die das Wissen und die Argumentationsfähigkeit menschlicher Fachkräfte nachbilden, werden als »Expertensysteme« bezeichnet. Die Informationen, die sie enthalten, werden von menschlichen Experten geliefert und von »Wissensingenieuren« in das System programmiert. Jedes System besteht aus drei Teilen. Die »Wissensbasis« enthält die Fakten und Regeln, die von den menschlichen Experten zu einem Thema verwendet werden. Die »Inferenzmaschine« wendet die Regeln auf die Fakten in der Wissensbasis an, um Antworten auf die vom Nutzer gestellten Fragen abzuleiten. Die »Nutzeroberfläche« nimmt die Anfragen der Nutzer entgegen und zeigt die vom System gefundenen Lösungen an. Expertensysteme sind in der Lage, komplexe Fragen zu beantworten und den Nutzern einen breiteren Zugang zu Expertenwissen zu ermöglichen. Sie werden in vielen Bereichen eingesetzt, so auch in der Medizin, wo sie Symptome mit möglichen Ursachen und passenden Behandlungsmethoden abgleichen.

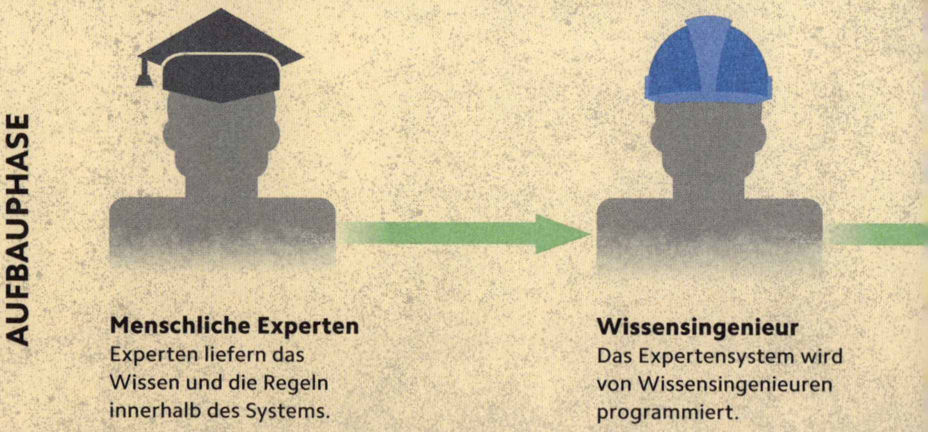

> »Intelligenz ist nicht die Fähigkeit, Informationen zu speichern, sondern zu wissen, wo man sie findet.«
>
> Albert Einstein

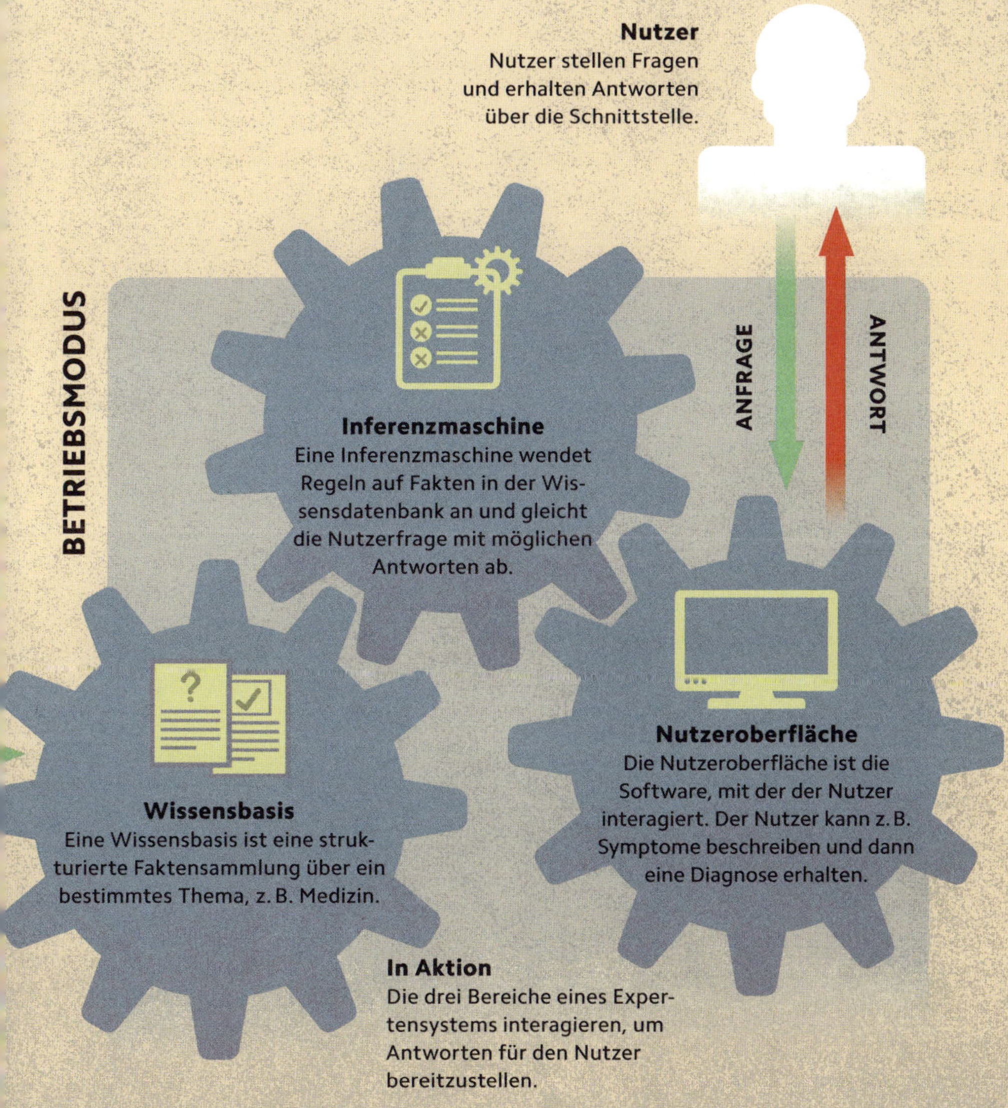

DAS CHAOS BEHERRSCHEN

Klassische KI (siehe S. 30) kämpft mit manchen Aufgaben, die für Menschen einfach sind. Wir können Computer für logische Aufgaben programmieren, z. B. Schach spielen, aber nicht für sensomotorische und wahrnehmungsbasierte Aufgaben wie das Fangen eines Balls oder das Erkennen einer Katze.

Der österreichisch-kanadische Programmierer Hans Moravec (geb. 1948) vertrat die Ansicht, dass es einfach sei, Computern logische Aufgaben beizubringen, weil der Mensch die Schritte, die zu ihrer Bewältigung erforderlich sind, bereits ausgearbeitet habe. Im Gegensatz dazu handelt es sich bei sensomotorischen und Wahrnehmungsaktivitäten um inkonsistente Daten, die eine umfangreiche Verarbeitung erfordern. Für den Menschen sind diese Aufgaben weitgehend unbewusste Handlungen, die in den Millionen von Jahren der Gehirnentwicklung verfeinert wurden. Es ist jedoch schwierig, sie in eine Reihe von Schritten zu zerlegen, denen ein Computer folgen kann.

LÖSEN

Eine KI kann logische Aufgaben leicht ausführen, z. B. Rätsel lösen, bei denen die meisten Menschen Schwierigkeiten hätten.

HANDHABEN Für einen Menschen ist es einfach, ein Objekt zu verändern. Für eine KI, insbesondere für klassische Modelle, ist dies eine komplexe Herausforderung.

NEATS VERSUS

In den 1970er-Jahren stellte der KI-Theoretiker Roger Schank (1946–2023) fest, dass es zwei Arten der KI-Forschung gibt, die er als »neat« (ordentlich) und »scruffy« (unordentlich) bezeichnete. Der »ordentliche« Ansatz, der mittlerweile vorherrscht, entwickelt KI, indem Computer so programmiert werden, dass sie strengen mathematischen Regeln folgen. Diese Regeln ermöglichen der KI, zwischen verschiedenen Datentypen zu unterscheiden und diese Daten mithilfe von Algorithmen des maschinellen Lernens (siehe S. 58–59) zu analysieren. So sind künstliche neuronale Netze (KNN, siehe S. 76) ein Erfolg des »ordentlichen« Ansatzes.

Neats
Für die Verfechter dieses Ansatzes sind KI Maschinen, die bestimmte Aufgaben mit absoluter Zuverlässigkeit ausführen können. Sie behaupten auch, dass diese Art von KI letztendlich menschliche Intelligenz erlangen wird.

VORHERSEHBAR

Entwickler dieses Ansatzes orientieren sich an der Physik und entwickeln KI, deren Verhalten vorhersehbar ist.

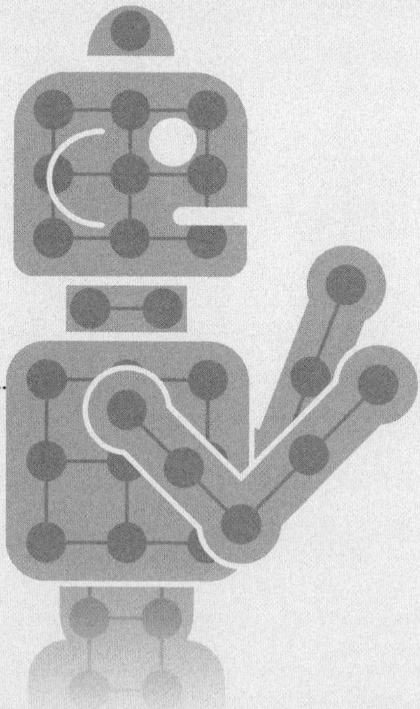

SCRUFFIES

Roger Schank definierte die »unordentliche« Methode als einen Ansatz, bei dem Forscher mit allen möglichen Modellen und Algorithmen experimentieren, um Programme zu entwickeln, die Intelligenz zeigen. Marvin Minsky (1927–2016) bezeichnete diesen Ansatz eher als »analogisch« denn als logisch, da dieser davon ausgeht, dass eine KI wie ein Mensch erkennen sollte, dass bestimmte Probleme analog (oder vergleichbar) zu anderen Problemen sind – mit anderen Worten, sie sollte eine Art gesunden Menschenverstand haben.

Scruffies
Befürworter dieses Ansatzes finden, dass eine »unordentliche« KI eher eine menschenähnliche Intelligenz erreichen kann als eine »ordentliche« KI, da menschliche Intelligenz mehr als nur das Befolgen von Regeln ausmacht.

WENIGER VORHERSEHBAR
Entwickler dieses Ansatzes lassen sich von der Biologie inspirieren und bauen KI, die weniger vorhersehbar ist als die »Neats«.

STATIS

KÜNST

INTELL

TISCHE
LICHE
IGENZ

In den 1990er-Jahren zeigten sich viele Forscher frustriert über die Unzulänglichkeiten der klassischen KI mit ihrem Schwerpunkt auf Logik und deduktivem Denken und begannen stattdessen mit der Entwicklung statistischer Verfahren. Daraus entstand die statistische KI, die auch heute noch den Schwerpunkt der KI-Forschung bildet. Das Herzstück dieses Ansatzes ist eine Methode, die als »maschinelles Lernen« bekannt ist. Beim maschinellen Lernen werden Datensätze verwendet, um KI-Modelle (einschließlich Modelle, die das menschliche Gehirn imitieren, sogenannte künstliche neuronale Netze) so zu trainieren, dass sie Aufgaben erfüllen, ohne dass ein Entwickler sie explizit dafür programmieren muss. Dank der Verfügbarkeit leistungsfähiger Computerhardware und großer Datensätze ist dieser Ansatz heute sehr erfolgreich.

KÜNSTLICHE INTELLIGENZ

Dies ist die Wissenschaft, die Maschinen entwickelt, die handeln und »intelligente« Entscheidungen treffen können.

MASCHINELLES LERNEN

Maschinelles Lernen konzentriert sich darauf, Computer so zu trainieren, dass sie Aufgaben ausführen, ohne dafür explizit programmiert zu werden.

DEEP LEARNING

Deep Learning ist die fortschrittlichste Art des maschinellen Lernens. Sie erfordert minimalen menschlichen Eingriff und verwendet Computermodelle, die sogenannten künstlichen neuronalen Netze, deren Vorbild das menschliche Gehirn ist.

KI DAS DENKEN LEHREN

Maschinelles Lernen ist eine Form der KI, mit der Computersysteme lernen, wie sie Aufgaben erledigen können, ohne dass sie ausdrücklich dafür programmiert werden. Programmierer können Algorithmen schreiben, die dem Computer genau vorgeben, welche Schritte er zur Erfüllung einfacher Aufgaben zu befolgen hat. Es ist jedoch unglaublich schwierig, die erforderlichen Algorithmen für komplexere Aufgaben wie Gesichts- oder Spracherkennung zu schreiben. Beim maschinellen Lernen verwenden Algorithmen Sammlungen von Beispieldaten, die sogenannten Trainingsdaten (siehe S. 61), um Modelle zu erstellen, die auf der Grundlage neuer Daten Vorhersagen machen oder Entscheidungen treffen. Es gibt viele Arten des maschinellen Lernens, darunter auch das Deep Learning (siehe S. 86), bei dem KI die Struktur und das Verhalten biologischer Gehirne durch den Einsatz künstlicher neuronaler Netze nachahmt (siehe S. 76).

ERKENNTNISSE AUS DATEN

Data-Mining ist ein Verfahren zur Aufdeckung von Informationsmustern in großen Datensätzen mit dem Ziel, die Daten für bestimmte Aufgaben nutzbar zu machen. Data-Mining-Software kann z. B. die medizinischen Profile von Tausenden von Menschen scannen, um diejenigen zu identifizieren, bei denen Diabetes diagnostiziert wurde, und über neue Behandlungsmöglichkeiten zu informieren. Data-Mining ist eine umfassende Forschungsdisziplin, die zunehmend KI-Techniken einsetzt, um Datenmengen zu verarbeiten, die für den Menschen zu groß sind. Zwei Schlüsseltechniken sind das »Clustering« (siehe S. 68) und die »Anomalieerkennung« (siehe S. 69).

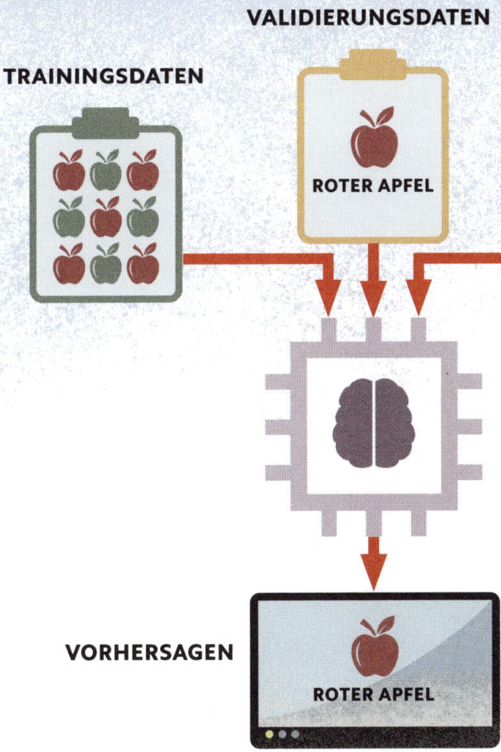

DATEN VERWENDEN
Trainingsdaten werden für die Schulung von KI eingesetzt. Dazu werden Validierungsdaten verwendet, um deren Genauigkeit zu kontrollieren. Nach dem Training wird die KI mithilfe der Testdaten bewertet.

LEHRMATERIAL

Unter Trainingsdaten versteht man Daten, mit denen einer KI beim maschinellen Lernen (siehe S. 58–59) beigebracht wird, wie sie Aufgaben genau ausführen kann. Sie werden von Programmierern verwendet, um die KI zu testen, anzupassen und zu optimieren (siehe S. 78–79), bis sie die erwarteten Ergebnisse – oder Outputs – liefert. »Validierungsdaten« können auch verwendet werden, um zu beurteilen, wie genau die KI die Trainingsdaten während der Lernphase verarbeitet. Sobald die KI trainiert wurde, werden »Testdaten« verwendet, um die Genauigkeit ihrer Ergebnisse zu bewerten. Maschinelles Lernen erfordert eine große Menge an Trainingsdaten, die auch gekennzeichnet – »gelabelt« – sein können (siehe S. 72–73).

MERKMALE

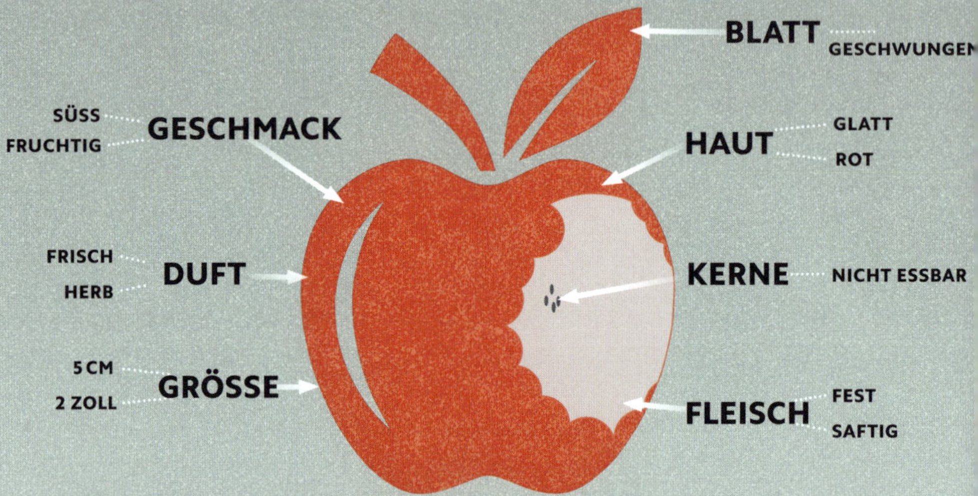

Merkmale bezeichnen
Ein menschlicher Bediener bezeichnet alle Daten, die die Merkmale von »Typ A«-Äpfeln beschreiben. Die KI lernt, dass diese Merkmale zusammen einen Apfel des Typs »A« definieren.

DATEN MIT BEDEUTUNG

Ein »Merkmal« ist eine Eigenschaft, z. B. ein Pixelmuster, das eine KI als Eingabe verwenden kann, um eine Kennzeichnung (»Label«) vorherzusagen, die dann ausgegeben wird. Beim überwachten maschinellen Lernen (siehe S. 72) lernt die KI, bestimmte Merkmale mit Labels zu verknüpfen, indem sie Trainingsdatensätze (siehe S. 61) verarbeitet, die bereits von einem menschlichen Bediener mit einem Label versehen wurden. Erhält eine KI, die mit gekennzeichneten Fotos von Tieren trainiert wurde, z. B. ein Foto eines Tieres mit Merkmalen wie weißen Federn, gebogenem Schnabel und Kamm, wird sie wahrscheinlich das Label »Kakadu« ausgeben.

KENNZEICHNUNGEN

Kennzeichnungen vorhersagen
Wenn die KI alle Merkmale eines »Typ A«-Apfels kennt, kann sie ihn in einer Obst Datenbank finden und das Label »Apfel A« vergeben.

AUF MUSTERSUCHE

Die Mustererkennung, mit deren Hilfe die KI Antworten in riesigen Datenmengen finden kann, ist eines der vielseitigsten Werkzeuge des maschinellen Lernens (siehe S. 58–59). Die KI ist programmiert, bestimmte Muster oder größere Ähnlichkeiten in den Daten zu erkennen, und das tut sie viel schneller als ein Mensch. Die Mustererkennung kann das Auffinden und Sortieren von Daten in definierte Klassen (siehe S. 66) oder die Gruppierung ähnlicher Daten in »Cluster« (siehe S. 68) umfassen. Sie kann auch verwendet werden, um zu erkennen, wie sich eine Änderung der Eingaben in einem KI-Modell auf die Ausgabe auswirkt – die sogenannte Regression (siehe S. 67).

JA ODER NEIN?

Ein Entscheidungsbaum ist ein Modell des von einer KI verwendeten Entscheidungsprozesses. Er arbeitet mit der Abfrage von Daten, die nur mit »Ja« oder »Nein« beantwortet werden können. Eine Art von Entscheidungsbaum ist der »Klassifikationsbaum«. Durch wiederholtes Stellen von Ja/Nein-Fragen spaltet die KI die »Wurzel« (den Datensatz) in immer kleinere »Äste« (Teilmengen) auf, die bestimmte Merkmale gemeinsam haben, bis ein einziges »Blatt« (Schlussfolgerung) erreicht ist, das eine bestimmte Klassifikation innerhalb der Daten festlegt. Entscheidungsbäume werden in der Regel sowohl beim maschinellen Lernen (siehe S. 58–59) als auch beim Data-Mining (siehe S. 60) verwendet.

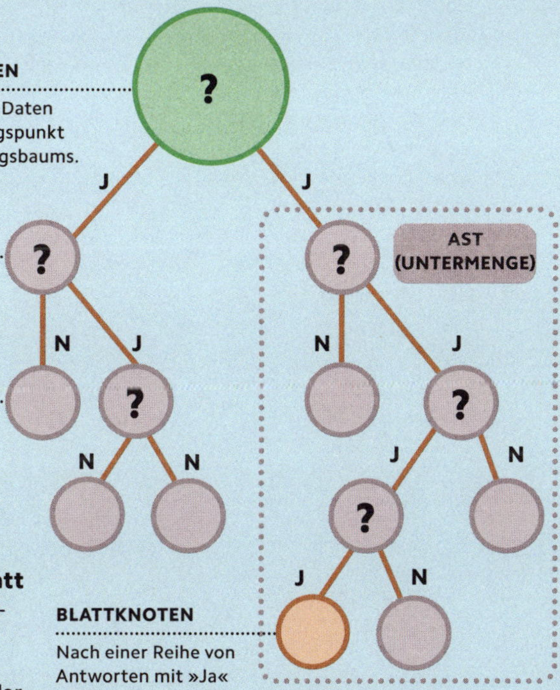

WURZELKNOTEN
Die Wurzel bzw. Daten sind der Ausgangspunkt des Entscheidungsbaums.

ENTSCHEIDUNGSKNOTEN
Der Baum verzweigt sich, wenn Fragen zu den Daten gestellt werden.

ENDKNOTEN
Wenn die Antwort auf eine Ja/Nein-Frage »Nein« ist, endet der Ast.

BLATTKNOTEN
Nach einer Reihe von Antworten mit »Ja« endet der Baum an einem Blatt.

Von der Wurzel zum Blatt
Ein Entscheidungsbaum verzweigt sich über eine Reihe von »Knoten«, die die Antworten zu Ja/Nein-Fragen darstellen, bis ein Blatt bzw. eine Schlussfolgerung erreicht ist.

DATENTYPEN

Ein Algorithmus, der Objekte kennzeichnet (siehe S. 62–63) und sie dann in Kategorien oder »Klassen« sortiert, wird als »Klassifikator« bezeichnet. Durch einen Prozess des überwachten Lernens (siehe S. 72) wird KI beigebracht, Objekte anhand eines mit Kennzeichnungen oder »Labels« versehenen Trainingsdatensatzes (siehe S. 61) zu klassifizieren, aus dem sie lernt, die mit verschiedenen Labels verbundenen Muster zu erkennen. Einem Spam-Filter wird z. B. beigebracht, Merkmale von Spam und Nicht-Spam-Mails aus einer Sammlung von gekennzeichneten E-Mails zu erkennen. Auf der Grundlage dieser Trainingsdaten kann die KI neuen E-Mails automatisch die Kennzeichnung »Spam« oder »Kein Spam« zuweisen.

Datensätze teilen
Klassifikatoren können Daten in Bereiche einteilen, die durch eine Linie, die sogenannte Entscheidungsgrenze, getrennt sind.

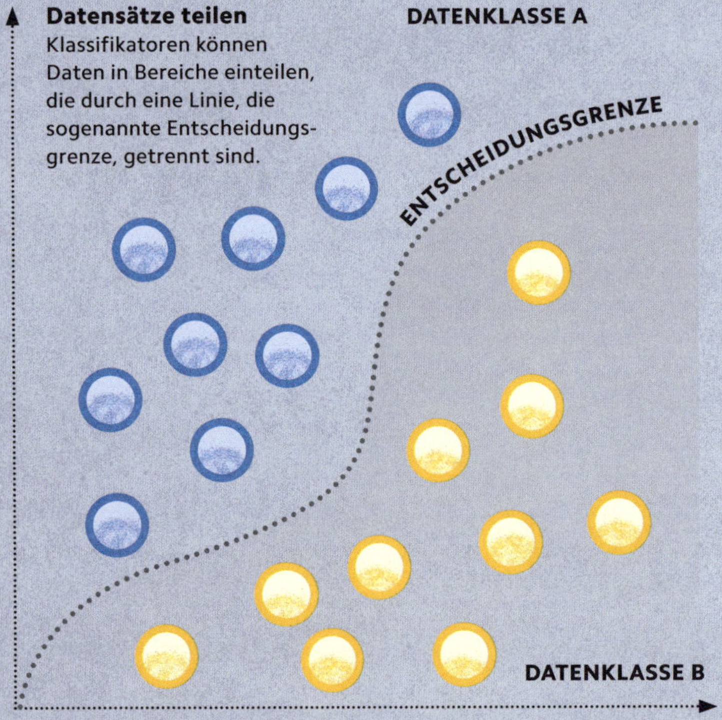

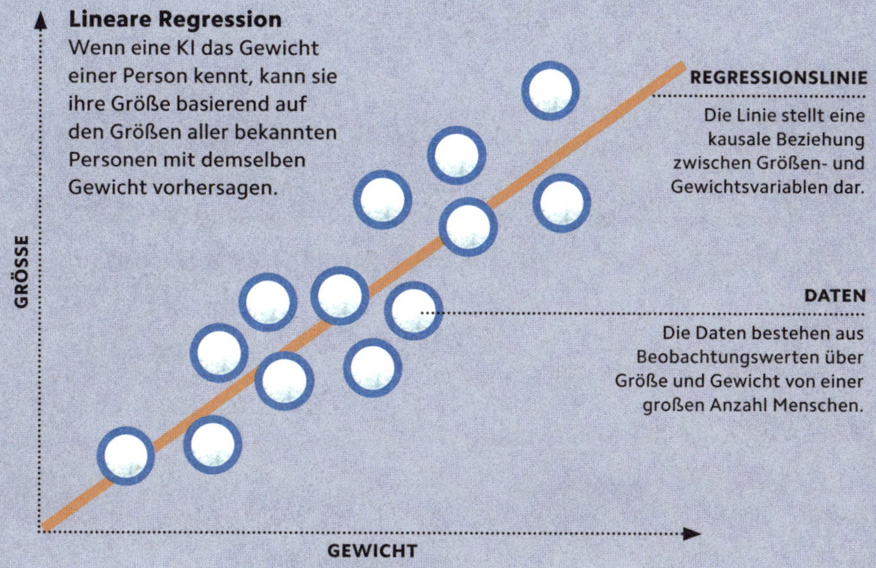

DIE OPTIMALE LINIE

Die Regression ist ein Verfahren, das in vielen Bereichen eingesetzt wird, so auch beim maschinellen Lernen (siehe S. 58–59). Hierbei wird ein Algorithmus verwendet, um das Verhalten einer oder mehrerer Variablen in Abhängigkeit vom Wert einer anderen Variablen vorherzusagen. Es wird in vielen Anwendungen des überwachten Lernens (siehe S. 72) eingesetzt, insbesondere in solchen, die kausale Beziehungen zwischen mehreren Variablen aufdecken sollen. Sie kann z. B. verwendet werden, um vorherzusagen, wie die Temperatur am nächsten Tag sein wird, wenn man die heutige Luftfeuchtigkeit, die Windgeschwindigkeit und den Luftdruck sowie Daten darüber, wie sich alle vier Variablen in der Vergangenheit verhalten haben, berücksichtigt. Die »lineare Regression« (s. o.) ist die gebräuchlichste Form der Regressionsanalyse und wird insbesondere im Finanz- und Wirtschaftsbereich verwendet.

DATEN GRUPPIEREN

Beim Clustering wird ein Datensatz auf der Grundlage gemeinsamer Merkmale in Gruppen unterteilt. Es handelt sich um eine Methode des unüberwachten Lernens (siehe S. 73), was bedeutet, dass sie von einer KI auf der Basis von nicht gekennzeichneten Trainingsdatensätzen ausgeführt wird. Clustering ist besonders nützlich, um Einblicke in das menschliche Verhalten zu gewinnen. Unternehmen können es z. B. nutzen, um Kunden auf der Grundlage ihrer Kaufhistorie in verschiedene Gruppen einzuteilen, damit sie gezielter mit Werbeaktionen angesprochen werden können.

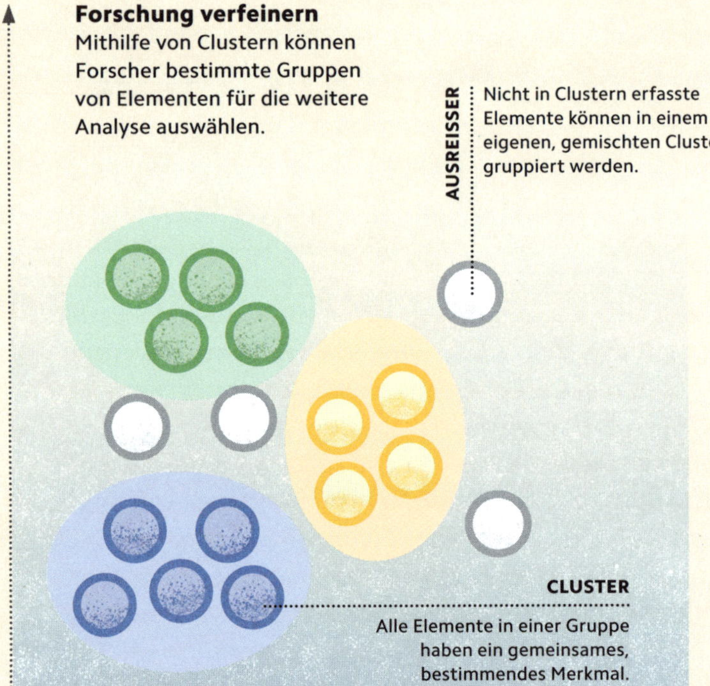

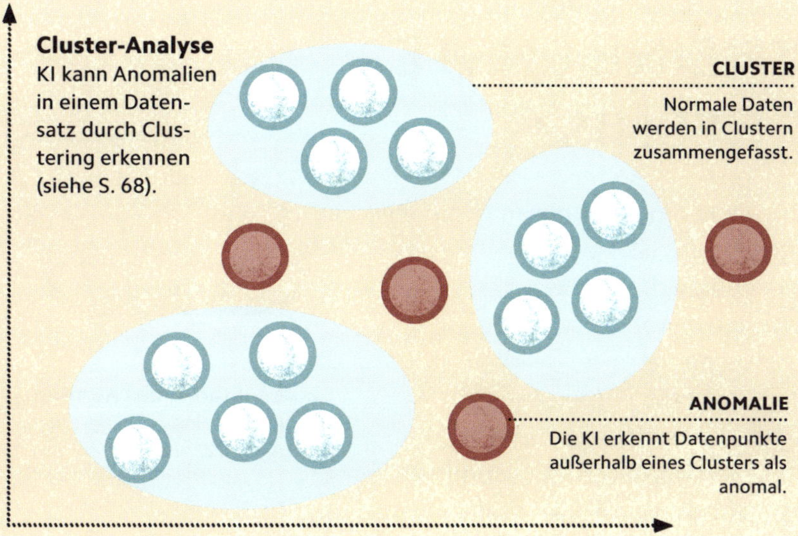

DER ABWEICHLER

Bei der Erkennung von Anomalien geht es darum, ungewöhnliche (oder »anomale«) Daten in einem Datensatz zu erkennen. Die KI sucht also nach Elementen, die nicht zu einem bestimmten Muster oder Modell passen, das aus den Trainingsdaten erstellt wurde. Viele Anomalien werden durch Fehler in den Daten verursacht, z. B. durch falsch eingegebene Einheiten oder eine Inkonsistenz in der Art der verwendeten Messung. In solchen Fällen ist es wichtig, die Anomalie zu finden, damit sie korrigiert oder aus dem Datensatz entfernt werden kann. Anomalien können aber auch auf schwerwiegende Probleme aufmerksam machen, die nicht im Datensatz selbst liegen, z. B. eine Fehlfunktion der Software oder ein Hackerangriff auf die KI durch Cyberkriminelle (siehe S. 96-97).

DAS WAHR-SCHEINLICHSTE ERGEBNIS?

Mithilfe von Modellen des maschinellen Lernens (siehe S. 58–59) können durch die Analyse von Mustern in historischen Daten Vorhersagen getroffen werden. In der KI ist eine Vorhersage die Ausgabe eines Modells, das die Wahrscheinlichkeit eines bestimmten Ergebnisses vorhersagt. Wenn z. B. ein Kunde einen bestimmten Artikel online kauft, kann eine KI Daten über frühere Käufe – sowohl von diesem Kunden als auch von anderen – verwenden, um vorherzusagen, welche anderen Artikel er möglicherweise kaufen möchte. Bei der KI geht es bei der Vorhersage nicht immer darum, ein zukünftiges Ereignis vorherzusehen. Sie kann auch dazu verwendet werden, um »Vermutungen« über Ereignisse in der Vergangenheit und Gegenwart anzustellen, z. B. ob eine Transaktion kriminell ist (siehe S. 98) oder eine Röntgenaufnahme auf eine Krankheit hinweist (siehe S. 102).

Einkaufskorb des Kunden
Ein Kunde kauft online ein Produkt, z. B. eine Zahnbürste.

Kundenprofil
Die KI erstellt ein Kundenprofil, indem sie das Onlineverhalten und die Bestellhistorie analysiert.

Ähnliche Artikel
Die KI erkennt andere Artikel, die häufig zusammen mit dem Produkt gekauft werden – sowohl vom Kunden als auch von anderen.

Vorhersage
Die KI erstellt eine Prognose und empfiehlt dann verknüpfte Artikel, die der Kunden auch kaufen könnte, z. B. Zahnpasta oder Mundwasser.

Ähnliche Profile
Die KI vergleicht das Kundenprofil mit einer großen Anzahl anderer Profile, um ähnliche Profile zu finden.

Vorhersage
Die KI verwendet die Bestellhistorie ähnlicher Profile, um weitere Artikel vorherzusagen, die für den Kunden interessant sein könnten.

MASCHINELLES LERNEN MIT »GELABELTEN« DATEN

Überwachtes Lernen ist eine Form des maschinellen Lernens, bei der eine KI anhand eines »gelabelten« (gekennzeichneten) Trainingsdatensatzes geschult wird (siehe S. 61). Eingabe- und Ausgabedaten werden von einem Menschen gekennzeichnet, damit die KI die Beziehung zwischen ihnen lernen kann. Die Eingaben, die Ausgaben und die Regel, die sie miteinander verbindet, werden als »Funktion« bezeichnet. Während des Trainings werden die Gewichte (siehe S. 78) angepasst, damit die Funktion zu den Trainingsdaten passt. Die sich daraus ergebende Funktion kann zur Vorhersage von Ausgaben auf der Grundlage neuer Eingaben verwendet werden. Überwachtes Lernen kann zur Klassifikation (siehe S. 66) und Regression (siehe S. 67) verwendet werden.

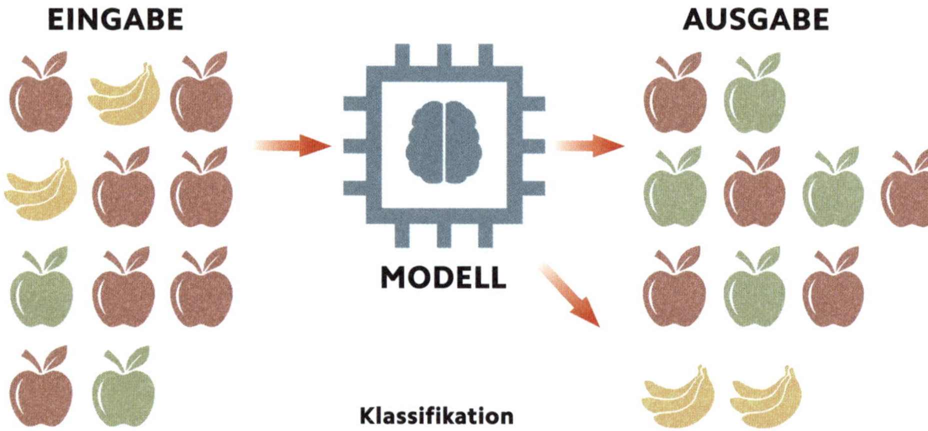

Klassifikation
Die KI kann Eingaben aus einem großen, unstrukturierten Datensatz klassifizieren, z. B. verschiedene Früchte.

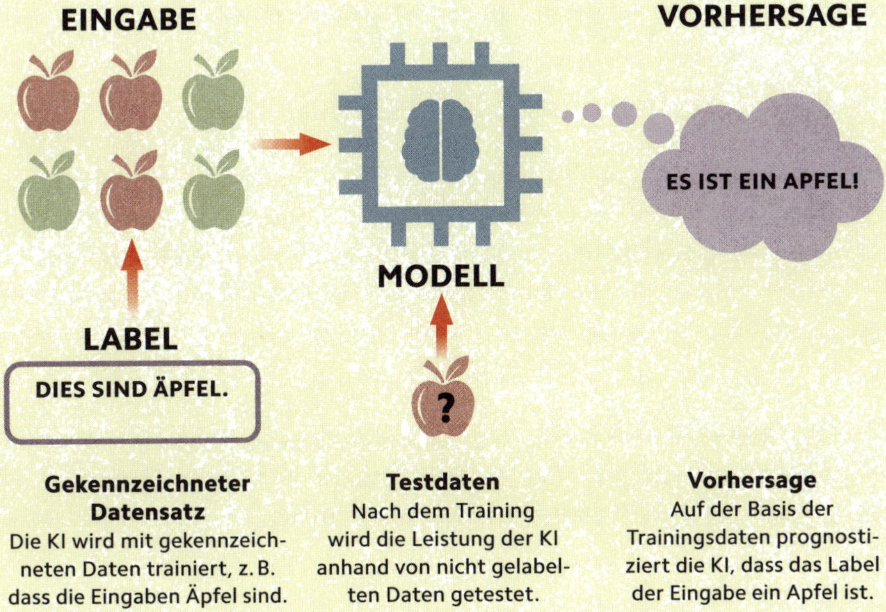

MASCHINELLES LERNEN MIT »ROHEN« DATEN

Unüberwachtes Lernen wird eingesetzt, um versteckte Strukturen in rohen, nicht gekennzeichneten Datensätzen aufzudecken. Obwohl KI die Bedeutung dieser Strukturen nicht versteht, können sie dennoch in der realen Welt von Bedeutung sein. Dieser Ansatz ist in der Anfangsphase des Data-Mining (siehe S. 60) nützlich, um Muster in großen, nicht gekennzeichneten Datensätzen zu finden, die dann von Menschen interpretiert werden können. Eine Zwischenmethode, das halb-überwachte Lernen, verwendet partiell gekennzeichnete Datensätze, was zu besseren Ergebnissen führt als völlig unüberwachtes Lernen.

VOM FEEDBACK LERNEN

Bestärkendes Lernen ist eine Methode des maschinellen Lernens (siehe S. 58–59), bei der einer KI durch Ausprobieren beigebracht wird, eine Aufgabe zu erfüllen. Zu diesem Zweck wird die KI so programmiert, dass sie »Belohnungen« und »Bestrafungen« erkennt, d. h. positive oder negative Rückmeldungen erhält, je nachdem, ob sie erfolgreich ist oder nicht. Die KI lernt, dass Erfolg gut und Misserfolg schlecht ist, und versucht die Aufgabe so lange, bis sie belohnt wird. Ein auf diese Weise trainiertes autonomes Fahrzeug (siehe S. 122) erhält also so lange ein negatives Feedback, bis es lernt, nicht über eine rote Ampel zu fahren.

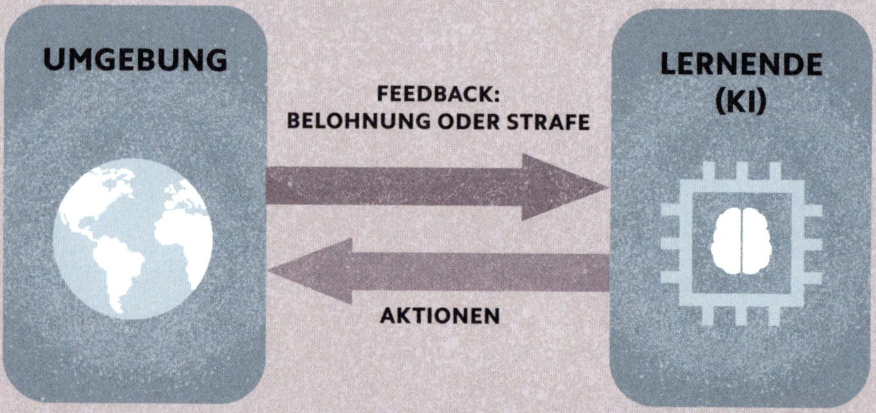

Versuch und Irrtum
Die KI lernt als Folge ihrer Handlungen eine Aufgabe erfolgreich durchzuführen. Sie sucht nach Belohnungen und vermeidet Bestrafungen, bis die Aufgabe erfüllt ist.

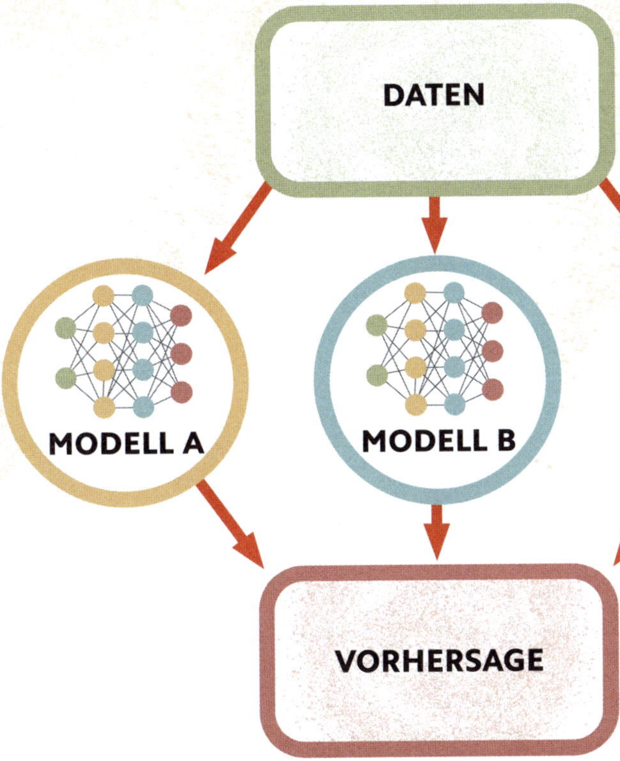

ZUSAMMENARBEIT

Das Ensemble-Lernen basiert auf der Idee, dass die Kombination der Ergebnisse mehrerer Algorithmen des maschinellen Lernens ein besseres Ergebnis liefert als ein einzelnes Modell. Die Verwendung von mehr als zwei Modellen, die auf unterschiedliche Weise erstellt und trainiert wurden, z. B. mit unterschiedlichen Datensätzen, kann deren individuelle Schwächen »ausgleichen« und genauere Vorhersagen ermöglichen. Das Ensemble-Lernen kann eingesetzt werden, um einem bestimmten Modell »beizubringen«, seine Vorhersageleistung zu verbessern, aber auch, um die Zuverlässigkeit eines Modells zu bewerten und zu verhindern, dass ein schlechtes Modell ausgewählt wird.

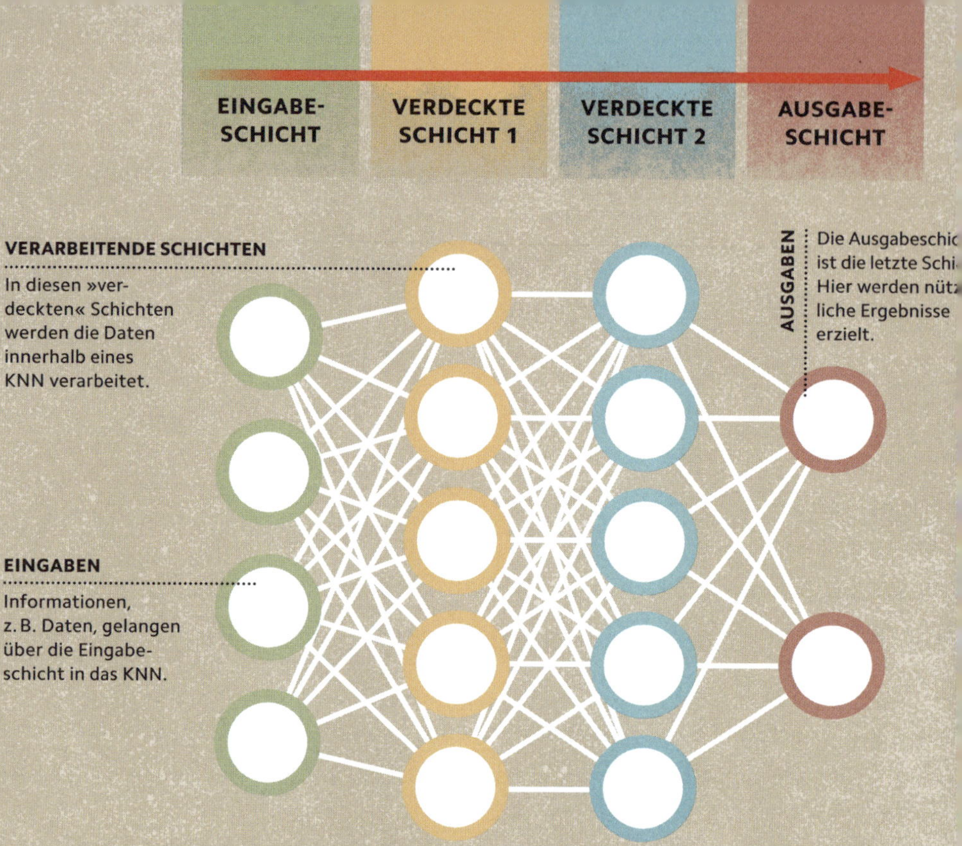

DAS KI-GEHIRN

Künstliche neuronale Netze (KNN) sind Modelle des maschinellen Lernens, die auf Algorithmen basieren (siehe S. 14). Ihre Struktur ähnelt der des menschlichen Gehirns und besteht aus miteinander verbundenen Knoten, den künstlichen Neuronen, die in mehreren »Schichten« angeordnet sind. Die Knoten innerhalb jeder Schicht empfangen, verarbeiten und senden Daten an die nächste Schicht im Netz, bis ein Ergebnis – eine Ausgabe – erzeugt wird. Jeder Knoten funktioniert wie ein individueller Mikroprozessor, der umprogrammiert werden kann, um die Daten auf die gewünschte Weise zu verarbeiten. Mithilfe von Trainingsdaten (siehe S. 61) können Programmierer einem KNN beibringen, wie es die erwarteten Ergebnisse ausgeben soll.

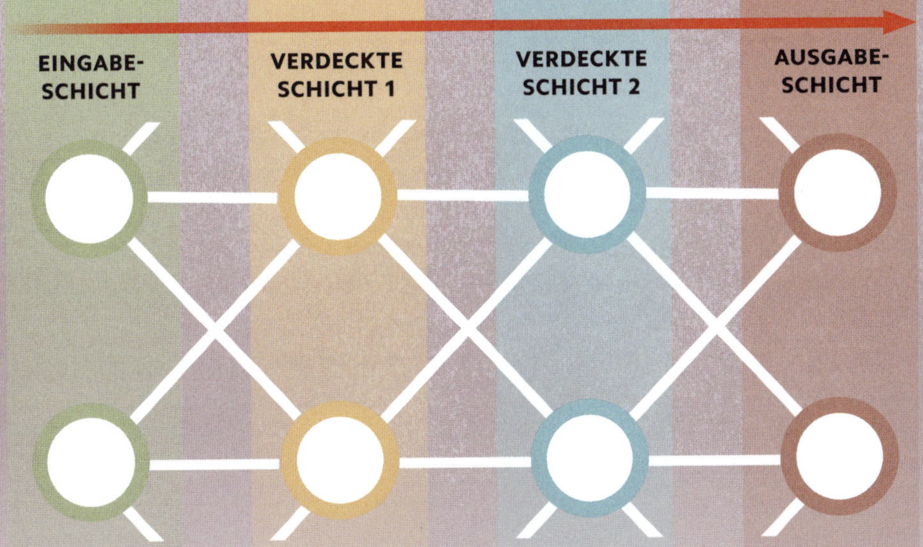

Eingabeschicht
Über die Eingabeschicht gelangen die Eingangsdaten in das Netzwerk.

Mehrere verdeckte Schichten
Daten werden in »verdeckten« Schichten verarbeitet und wandern dann von Schicht zu Schicht durch das Netz.

Ausgabeschicht
Die verarbeiteten Daten verlassen das Netz über die Ausgabeschicht.

STRUKTUR DES NETZES

Künstliche neuronale Netze (KNN) bestehen aus »Schichten« – einer Ansammlung von interagierenden Verarbeitungsknoten. Die Daten fließen von den Knoten einer Schicht zu denen der nächsten. Die erste Schicht enthält immer die »Eingabe«, also die eingehenden Daten. Danach folgt mindestens eine verdeckte Schicht, in der die Verarbeitung stattfindet. Diese Schichten nennt man »verdeckt«, weil ihre Daten für den Benutzer nicht sichtbar sind – anders als die Eingabe- und Ausgabeschichten. Die Ergebnisse gelangen dann in die Ausgabeschicht. Alle KNN haben diese Grundstruktur, wobei einige komplexer sind, z. B. rekurrente Netze (siehe S. 85). Sie erzeugen Verbindungen zwischen Knoten in der nächsten oder vorherigen Schicht, während tiefe neuronale Netze (siehe S. 86) Hunderte von verdeckten Schichten haben können.

BEDEUTUNG BEIMESSEN

KI-Algorithmen enthalten Variablen – sich verändernde mathematische Werte –, die bestimmen, wie Daten in einem künstlichen neuronalen Netz (KNN, siehe S. 76) verarbeitet werden. Beim Planen und Trainieren eines KNN können Programmierer diesen Variablen einen größeren oder geringeren Einfluss innerhalb des Algorithmus geben. Dieser Einfluss wird als »Gewicht« bezeichnet. Je mehr Gewicht eine Eingabe hat, desto größer ist ihr Einfluss auf die Ausgabe. Der »Bias« (siehe S. 79) bestimmt den Schwellenwert, ab dem Variablen signifikant werden. Durch die Anpassung der Gewichte und des Bias kann das KNN optimiert werden, um genauere Ergebnisse zu erzielen.

WIE WÄRE ES MIT EINEM APFEL?

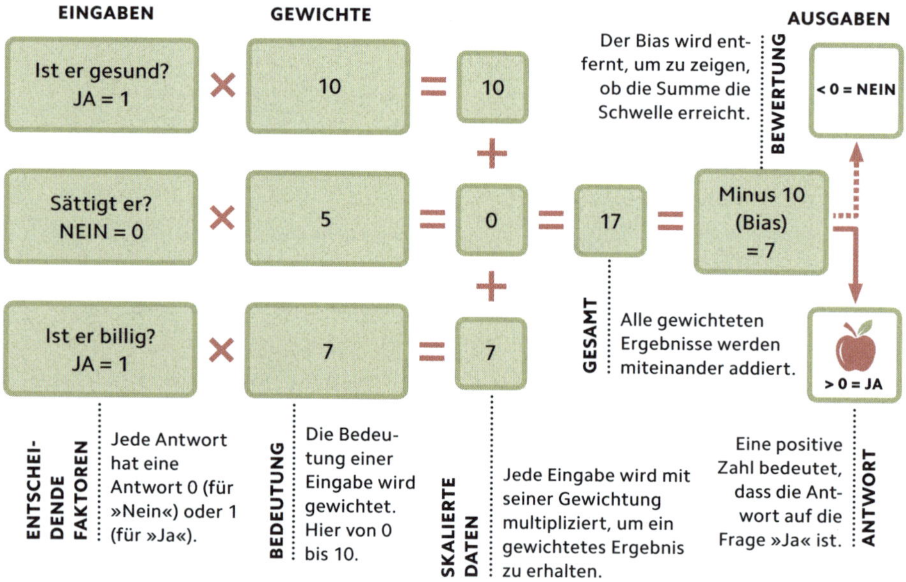

ZIELE UND SCHWELLEN

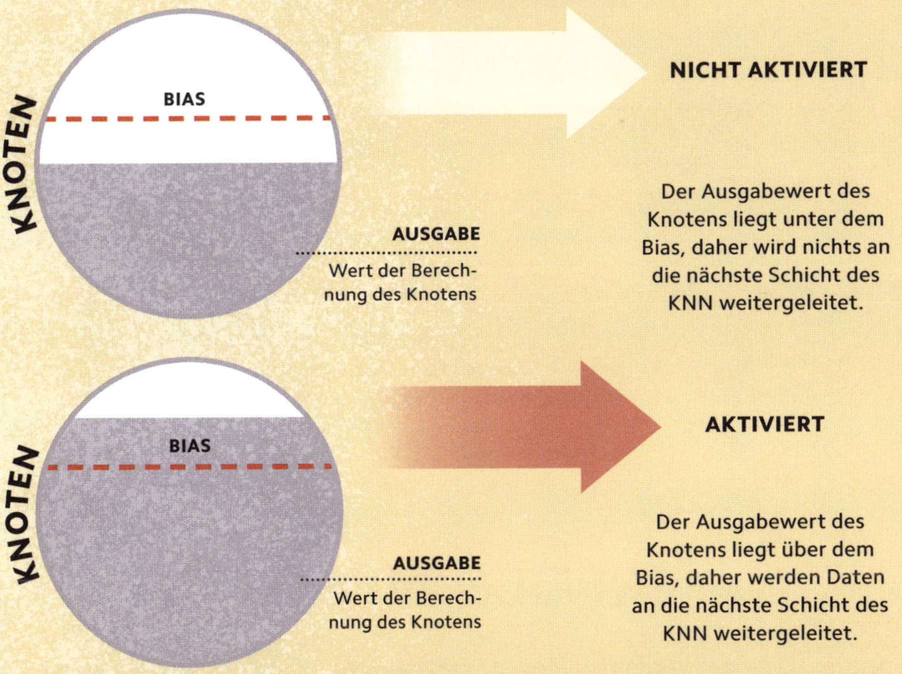

Ein künstliches neuronales Netz (KNN, siehe S. 76) besteht aus Schichten von »Knoten«, die Daten empfangen und verarbeiten. Bevor ein Knoten Informationen an die nächste Schicht von Knoten weitergeben kann, müssen seine Ausgabedaten einen bestimmten Wert erreichen. Dieser Wert – im Wesentlichen ein vom KNN-Entwickler festgelegter numerischer Wert – wird als »Bias« bezeichnet. Der Knoten kann nur »aktiviert« werden und seine Ausgabedaten weitergeben, wenn der Bias-Wert erreicht ist. Wird der Knoten nicht aktiviert, wird dieser Pfad der Datenübertragung gestoppt. Bei der Festlegung verschiedener Bias werden Daten an bestimmte Knoten in der nächsten Schicht geleitet.

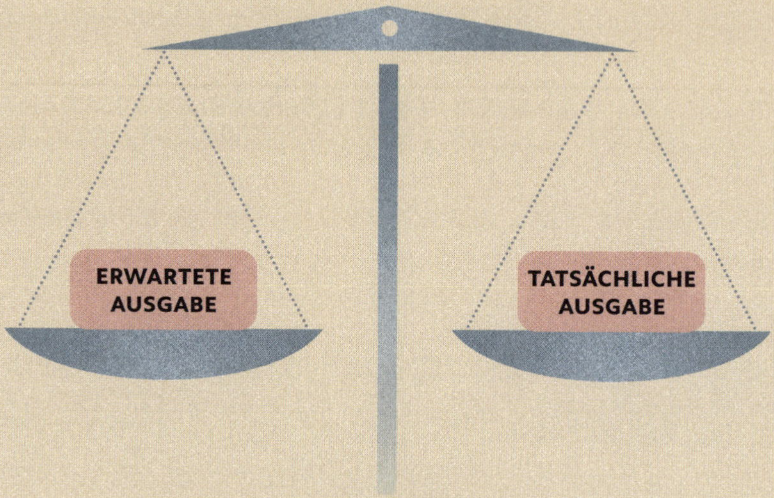

Kostenfunktion
Die Differenz zwischen der erwarteten und der tatsächlichen Ausgabe definiert die Leistung des Modells.

ERFOLG MESSEN

Die Leistung eines Modells des maschinellen Lernens, z. B. ein künstliches neuronales Netz (siehe S. 76), kann anhand seiner »Kostenfunktion« bewertet werden. Dies ist ein Maß für die Veränderung, die während des Trainings zwischen der tatsächlichen Ausgabe des Modells und der vom Programmierer erwarteten Ausgabe auftritt. Diese Differenz, die sogenannten Kosten, wird als Zahl ausgedrückt. Je höher die Zahl ist, desto größer ist die Lücke zwischen den tatsächlichen und den erwarteten Ergebnissen und umso schlechter ist das Modell. Während das Modell lernt, sinken die Kosten, und die Leistung verbessert sich. Das Training ist abgeschlossen, wenn die Kosten gleich oder nahezu null sind.

LEISTUNG VERBESSERN

Ein Modell des maschinellen Lernens verbessert seine Leistung durch Optimierung seiner Einstellungen. Anstatt riesige Datenmengen zu verarbeiten, kann das Modell an einem zufälligen Datenpunkt beginnen und sich dann zu einer besseren Lösung »durcharbeiten«. Der Algorithmus, mit dem das Modell darauf trainiert wird, ist bekannt als »Gradientenverfahren«. Jedes Mal, wenn das Modell seine Einstellungen anpasst, bewertet die Schrittweite des Abstiegs den Erfolg anhand der »Kostenfunktion« (siehe S. 80). Trägt man den Gradienten der Kostenfunktion in ein Diagramm ein, so ergibt sich eine Kurve. Das Modell reduziert seine Kostenfunktion, indem es dem steilsten Abstieg folgt. Verflacht die Steigung, ist das Modell so gut wie möglich, und es hört auf zu lernen.

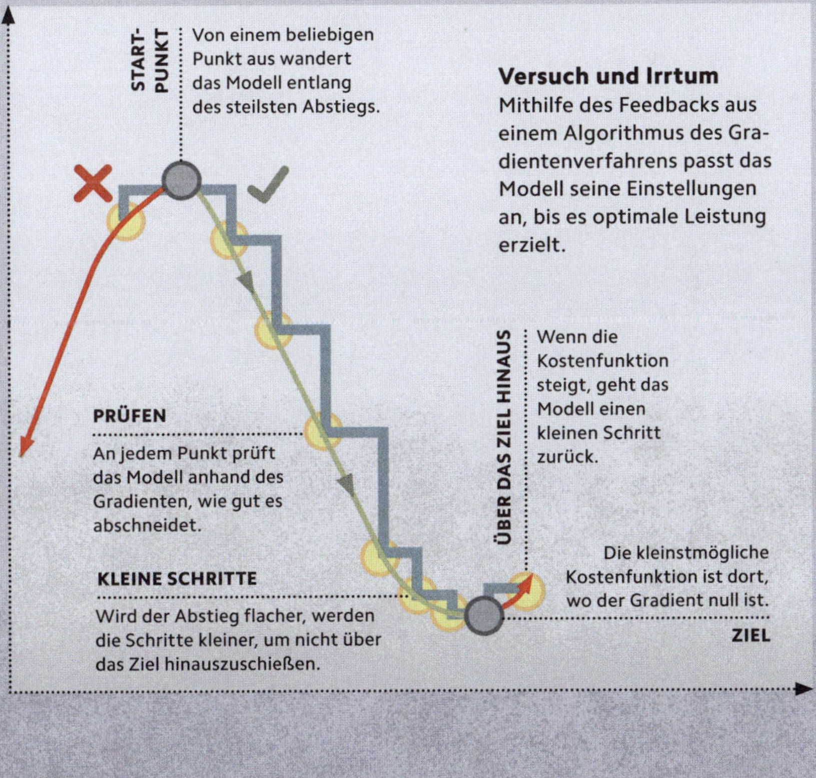

DAS MODELL OPTIMIEREN

Mithilfe der »Delta-Regel« kann ein einschichtiges künstliches neuronales Netz (KNN, siehe S. 76) seine Leistung durch Optimierung seiner Einstellungen steigern. Sie nutzt das »Gradientenverfahren« (siehe S. 81), um die besten Möglichkeiten zur Verbesserung des Modells zu ermitteln. Je näher die Ausgabe des Modells an die erwartete Ausgabe herankommt, desto kleinere Anpassungen werden vorgenommen, bis die Ausgaben so nahe wie möglich beieinanderliegen. Das Backpropagation-Verfahren (siehe S. 84) verallgemeinert die Delta-Regel auf KNN mit einer beliebigen Anzahl von Schichten.

1. Modell testen
KNN mithilfe der Trainingsdaten ausführen (siehe S. 61): Die Ausgabe wird als »Testdaten« bezeichnet.

2. Kostenfunktion berechnen
Testdaten mit Trainingsdaten vergleichen: Die Differenz ist die Kostenfunktion (siehe S. 80).

3. Gradientenverfahren einsetzen
Es bestimmt, in welche Richtung die Einstellungen des Modells verändert werden sollten, um eine niedrigere Kostenfunktion zu erhalten.

4. Modell aktualisieren
Einstellungen im KNN basierend auf dem Feedback aus dem Gradientenverfahren anpassen

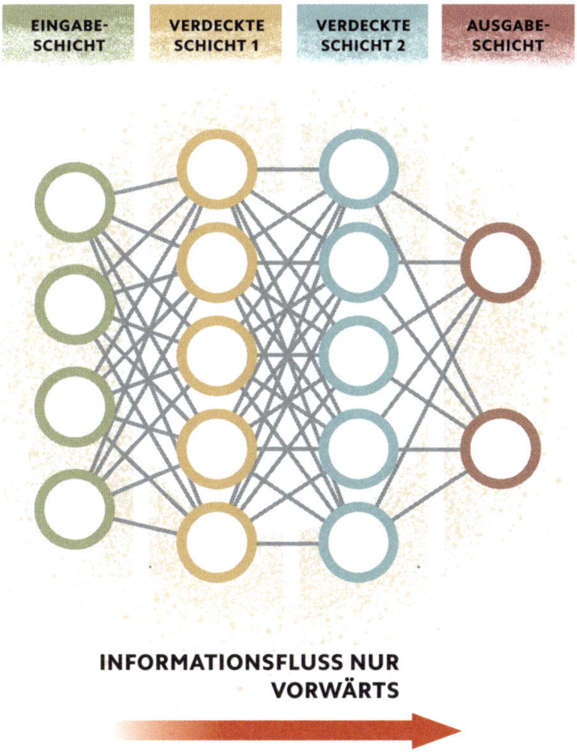

EINWEG-NETZ

Ein vorwärtsgerichtetes oder Feedforward-Netz (FNN) ist ein einfaches künstliches neuronales Netz (KNN, siehe S. 76), in dem Informationen nur vorwärts fließen – von der Eingabeschicht über die verdeckten Schichten bis zur Ausgabeschicht. Die Verbindungen zwischen den Knoten in einem FNN bilden keine »Rückkopplungsschleifen«, d. h., die Ausgaben werden nicht wie in einem rekurrenten neuronalen Netz (RNN, siehe S. 85) als Eingaben rückgekoppelt. Die einfachste Form eines Feedforward-Netzes ist ein einzelnes künstliches Neuron (siehe S. 21), das mithilfe des Gradientenverfahrens (siehe S. 81) maschinelles Lernen umsetzen kann.

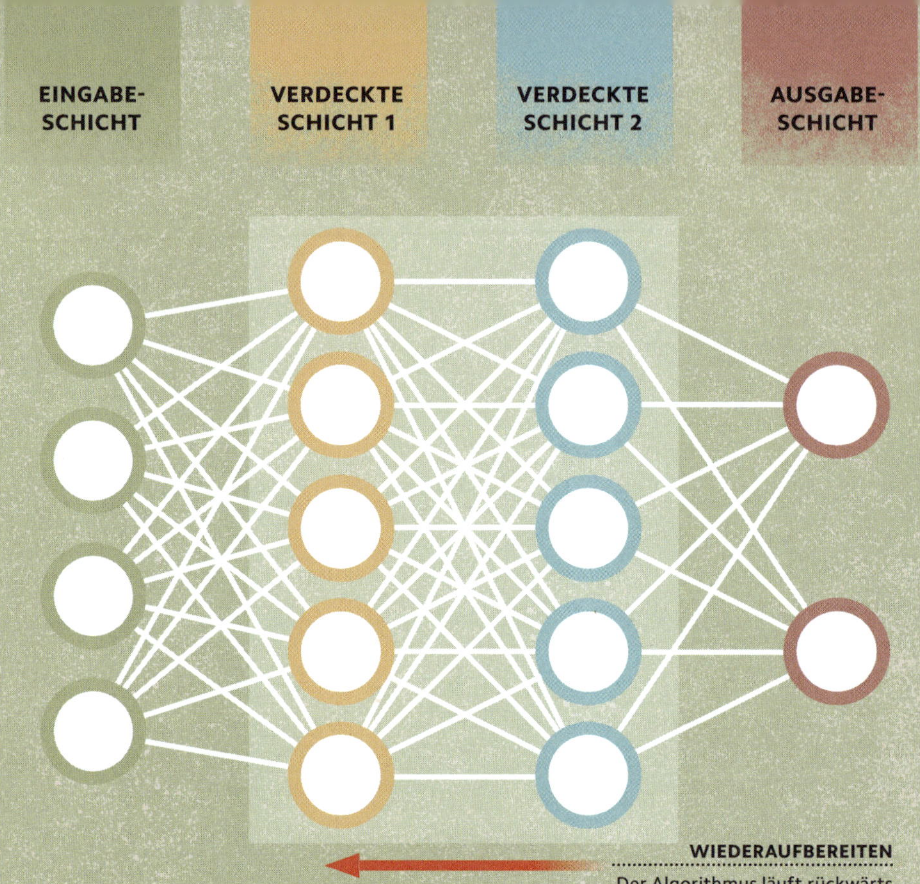

WIEDERAUFBEREITEN
Der Algorithmus läuft rückwärts durch das KNN und optimiert es Schicht für Schicht.

DATEN OPTIMIEREN

Der Backpropagation-Algorithmus wird zum Trainieren künstlicher neuronaler Netze (KNN, siehe S. 76) verwendet, insbesondere von Feedforward-Netzen (siehe S. 83). Back- oder Rückpropagation bedeutet, dass sie an der letzten (Ausgabe-)Schicht beginnt und sich in umgekehrter Richtung zur ersten (Eingabe-)Schicht bewegt. Während dieses Prozesses werden die Knoten neu programmiert, indem ihre Gewichte (siehe S. 78) und Bias (siehe S. 79) mithilfe des Gradientenverfahren (siehe S. 81) angepasst werden, um herauszufinden, ob eine Erhöhung oder Verringerung der Gewichte zu besseren Ergebnissen führt. So wird das KNN optimiert, um letztendlich genauere Ergebnisse zu erzielen.

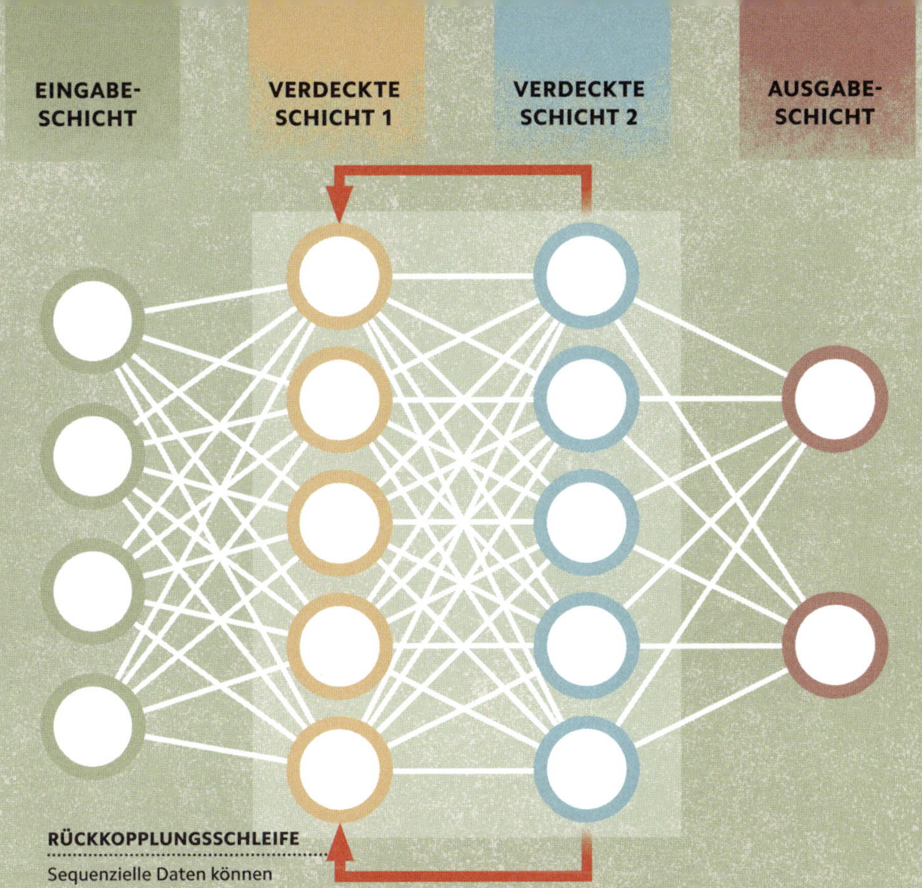

RÜCKKOPPLUNGSSCHLEIFE

Sequenzielle Daten können rückwärts durch das KNN in Rückkopplungsschleifen fließen.

STRUKTURIERTE DATEN

Ein rekurrentes neuronales Netz (RNN) ist eine Art von KNN, bei dem sich Daten in einer »Rückkopplungsschleife« rückwärts bewegen können. RNN dienen der Verarbeitung sequenzieller Daten – Daten, die in einer bestimmten Reihenfolge vorliegen müssen (z. B. Sprache). Während herkömmliche KNN einzelne Datenpunkte verarbeiten, um ein Ergebnis zu erzielen, behalten die RNN ihre wesentliche Struktur und die Beziehungen innerhalb der sequenziellen Daten bei, sodass diese intakt bleiben. Auf diese Weise können RNN verwendet werden, um die nächste Ausgabe einer Sequenz vorherzusagen. Sie werden in großem Umfang bei der Verarbeitung natürlicher Sprache eingesetzt (siehe S. 112).

EIN GEHIRN AUFBAUEN

Deep Learning ist eine leistungsstarke Form des maschinellen Lernens, die auf künstlichen neuronalen Netzen (KNN, siehe S. 76) basiert. Dabei kommen KNN mit vielen verdeckten Schichten – tiefe neuronale Netze – zum Einsatz, um immer aussagekräftigere Merkmale in den Eingabedaten zu erkennen. Wie bei KNN gelangen die Daten von der Eingabeschicht in die verdeckten Schichten, wo die Knoten sie empfangen, verarbeiten und an einen anderen Knoten in der nächsten Schicht weiterleiten. Aufgrund der vielen Schichten verarbeiten die tiefen Netze die Daten sehr genau und schnell und können zudem präzise Vorhersagen treffen. Sie werden z. B. bei der Verarbeitung natürlicher Sprache (siehe S. 112) eingesetzt.

KI VERSUS KI

Ein Generative Adversarial Network (GAN) ist ein Modell des maschinellen Lernens, das zwei konkurrierende künstliche neuronale Netze (KNN, siehe S. 76) einsetzt. Ein KNN, der »Generator«, verwendet vom Programmierer bereitgestellte nicht gekennzeichnete Trainingsdaten (siehe S. 61), um neue falsche (»fake«) Daten zu erzeugen, die es an das zweite KNN – den »Diskriminator« – weiterleitet. Der Diskriminator hat die Aufgabe, die falschen Daten zu erkennen. Gelingt ihm das, versucht der Generator, gefälschte Daten zu erzeugen, die schwieriger von echten Daten zu unterscheiden sind. Versagt der Diskriminator, versucht er, die falschen Daten jetzt besser zu erkennen. Dieser Prozess endet erst, wenn der Generator überzeugende falsche Daten erzeugen kann.

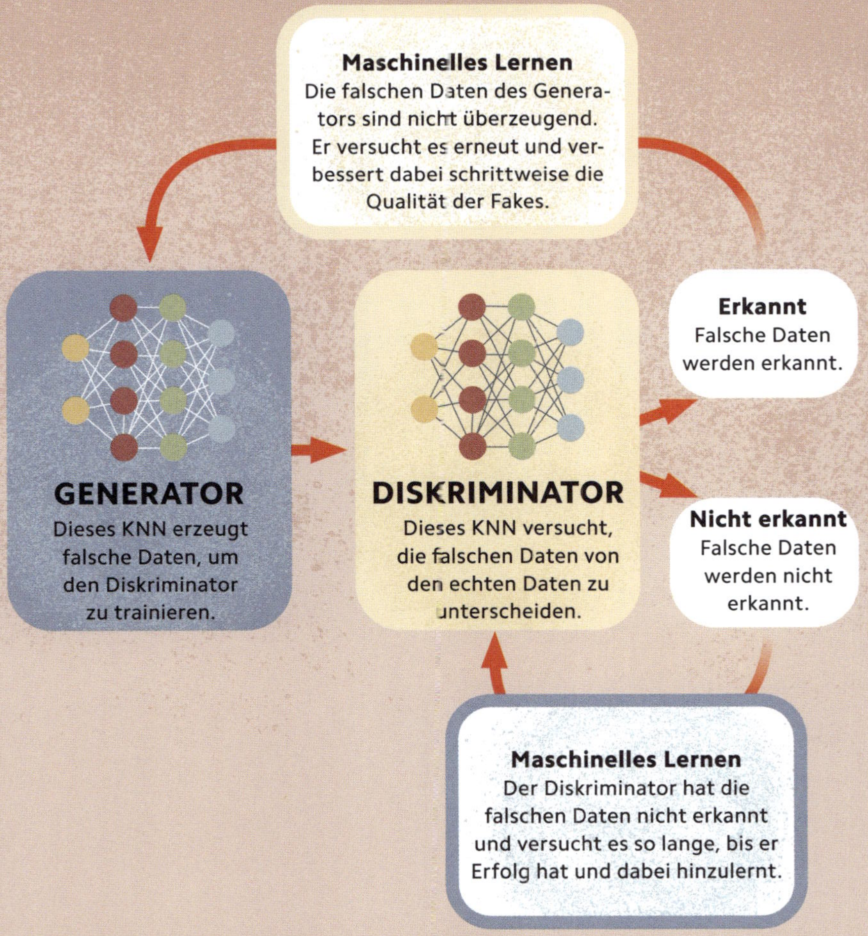

VISUELLE DATEN VERARBEITEN

Neuronale Faltungsnetze (Convolutional Neural Network, CNN) sind tiefe neuronale Netze (siehe S. 86), die der Struktur des visuellen Kortex ähneln. Das ist der Teil des Gehirns, der Informationen vom Auge aufnimmt und analysiert. CNN sind effektive Werkzeuge für die Computer Vision (siehe S. 110), da sie lernen können, Merkmale in Eingabebildern zu erkennen, z. B. die spitzen Ohren von Katzen. Ein Faltungsnetz besteht aus drei Schichten (siehe S. 77). Die erste führt eine Funktion aus – die »Faltung« –, mit der Merkmale in einem Bild erkannt werden

Eingabe
Im CNN ist die Eingabe in der Regel ein Bild, z. B. das Foto einer Katze.

Faltung
Auf das Bild wird ein Filter angewendet, um eine Karte der Merkmale zu erzeugen. So können Merkmale in den Pixelmustern erkannt werden.

»Ich finde es sehr spannend, wenn wir einen Weg entdecken, neuronale Netze besser zu machen – und wenn das eng mit der Funktionsweise des Gehirns zusammenhängt.«
Geoffrey Hinton

können. Diese Schichten extrahieren zunächst Merkmale auf niedriger Ebene (Linien und Kanten), bevor sie Merkmale auf höherer Ebene (Formen) extrahieren. Sie legen dazu einen Filter über das Bild, der eine »Karte« der Position jedes Merkmals auf dem Bild erstellt. Zwischen jeder Faltung befindet sich eine »Pooling«-Schicht, die die Komplexität der Merkmalsübersicht reduziert. Die Daten aus diesen Schichten werden geglättet und durchlaufen dann eine »Klassifikationsschicht« (siehe S. 66), die das Bild identifiziert und kennzeichnet.

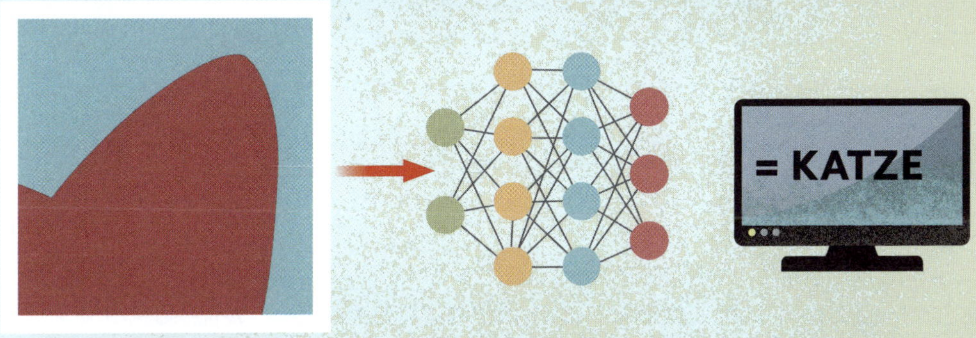

Pooling
Um die benötigte Rechenleistung zu verringern, wird »Datenmüll« herausgeschnitten, und die Merkmale werden abstrahiert.

Klassifikation
In einem Klassifikationsprozess ordnet die KI die Daten aus den vorherigen Schichten einem Bild zu.

Ausgabe
Die KI erkennt das Foto als das einer Katze.

K Ü N S T

I N T E L L

I M E I N

L I C H E

I G E N Z

S A T Z

Wie die Computertechnik hat sich auch die KI zu einer Allzwecktechnologie entwickelt, die in vielen Bereichen eingesetzt wird – von der bildenden Kunst bis zur Entwicklung von Hightech-Waffen. Sie ist am wirksamsten, wenn sie zur Unterstützung – und nicht als Ersatz – menschlicher Fachleute eingesetzt wird und wenn es um sehr große Datenmengen geht, wie beim Internet der Dinge (IoT). Am besten kann sie Aufgaben mit übermenschlicher Geschwindigkeit und Genauigkeit erledigen. Manchmal ist nur eine KI-Methode erforderlich, um eine Aufgabe zu erfüllen, während andere Anwendungen mehrere Verfahren kombinieren. In autonomen Fahrzeugen kommen viele KI-Methoden aus verschiedenen Bereichen zum Einsatz, z. B. Computer Vision gekoppelt mit Ultraschall-, Radar- und GPS-Technologien.

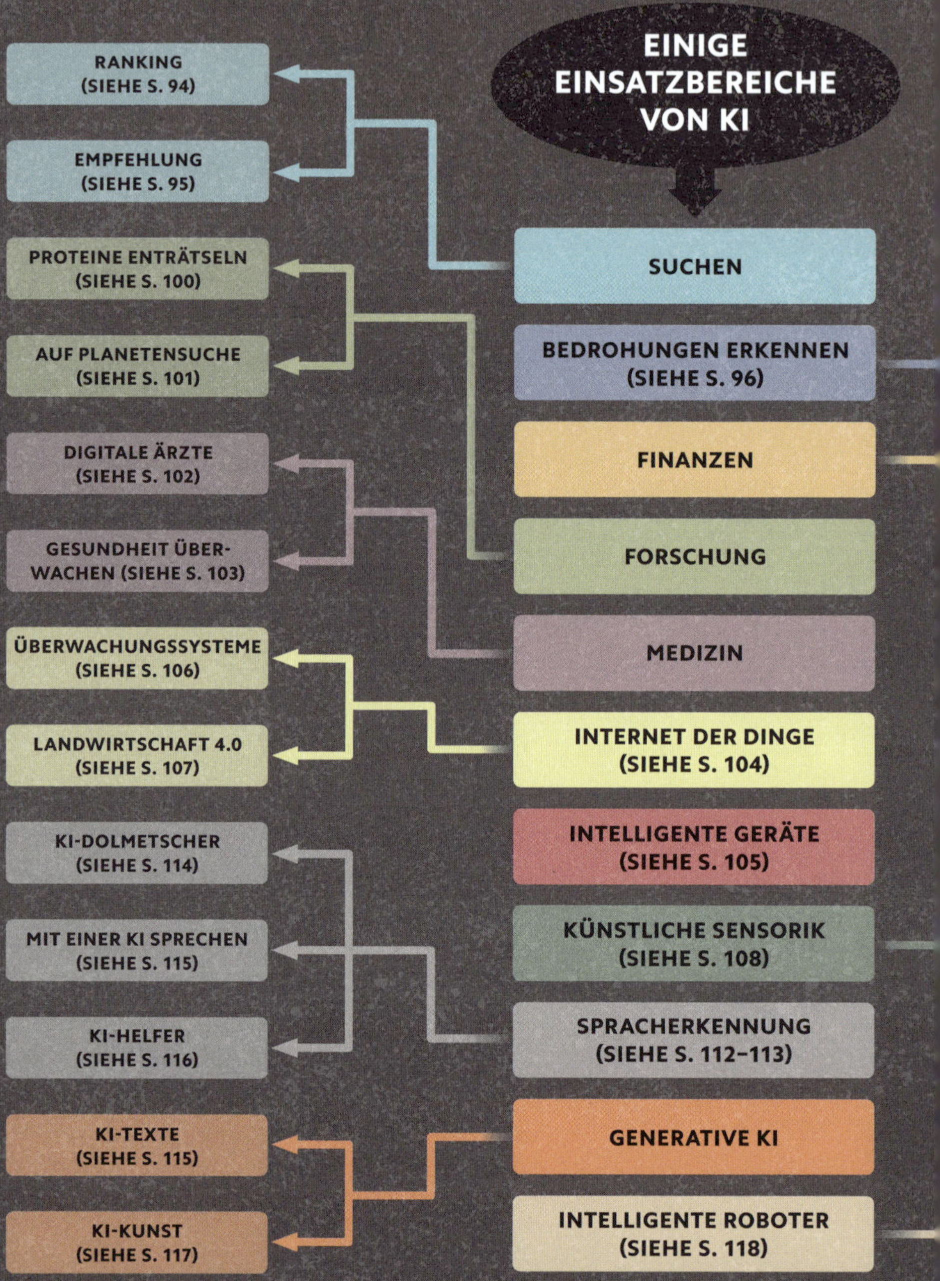
EINIGE EINSATZBEREICHE VON KI
SUCHEN
BEDROHUNGEN ERKENNEN (SIEHE S. 96)
FINANZEN
FORSCHUNG
MEDIZIN
INTERNET DER DINGE (SIEHE S. 104)
INTELLIGENTE GERÄTE (SIEHE S. 105)
KÜNSTLICHE SENSORIK (SIEHE S. 108)
SPRACHERKENNUNG (SIEHE S. 112–113)
GENERATIVE KI
INTELLIGENTE ROBOTER (SIEHE S. 118)
RANKING (SIEHE S. 94)
EMPFEHLUNG (SIEHE S. 95)
PROTEINE ENTRÄTSELN (SIEHE S. 100)
AUF PLANETENSUCHE (SIEHE S. 101)
DIGITALE ÄRZTE (SIEHE S. 102)
GESUNDHEIT ÜBERWACHEN (SIEHE S. 103)
ÜBERWACHUNGSSYSTEME (SIEHE S. 106)
LANDWIRTSCHAFT 4.0 (SIEHE S. 107)
KI-DOLMETSCHER (SIEHE S. 114)
MIT EINER KI SPRECHEN (SIEHE S. 115)
KI-HELFER (SIEHE S. 116)
KI-TEXTE (SIEHE S. 115)
KI-KUNST (SIEHE S. 117)

ONLINE-ANGRIFFE
(SIEHE S. 97)

BETRUG AUFDECKEN
(SIEHE S. 98)

KI IM FINANZWESEN
(SIEHE S. 99)

KLANG VERARBEITEN
(SIEHE S. 109)

SEHEN NACHAHMEN
(SIEHE S. 110)

GESICHTSERKENNUNG
(SIEHE S. 111)

KI-BEGLEITER
(SIEHE S. 119)

BEWEGUNG UND
MOBILITÄT (SIEHE S. 120)

MANUELLE FERTIGKEIT
(SIEHE S. 121)

SELBSTFAHRENDE AUTOS
(SIEHE S. 122)

KI UND KRIEG
(SIEHE S. 123)

»Eine Welt, die von Automaten beherrscht wird, scheint nicht mehr völlig unrealistisch zu sein.«
Gemma Whelan

EINSATZ VON KI

Ob über Mobiltelefone oder virtuelle Assistenten, überall interagieren wir mit KI-Anwendungen – oft ohne es zu merken. Die Nutzung dieser Anwendungen hat die Art und Weise verändert, wie wir arbeiten, einkaufen und kommunizieren, und hat viele Branchen revolutioniert, darunter das Finanzwesen, das Gesundheitswesen und die Landwirtschaft. Andere KI-Technologien, z. B. autonome Waffen, stecken noch in den Kinderschuhen, aber auch sie werden bald zum Mainstream gehören.

RANKING

Bei einer Internetsuchmaschine bestimmen KI-generierte Rankings, welche Websites in den Ergebnissen an oberster Stelle angezeigt werden. Einige Ranking-Algorithmen suchen und bewerten Websites, die dieselben Begriffe oder »Schlüsselwörter« enthalten, die Nutzer in die Suchmaschine eingeben. Die Websites mit den größten Übereinstimmungen werden am höchsten eingestuft. Andere Algorithmen stufen Websites höher ein, wenn sie von anderen Websites aus aufgerufen werden oder sie besonders beliebt sind.

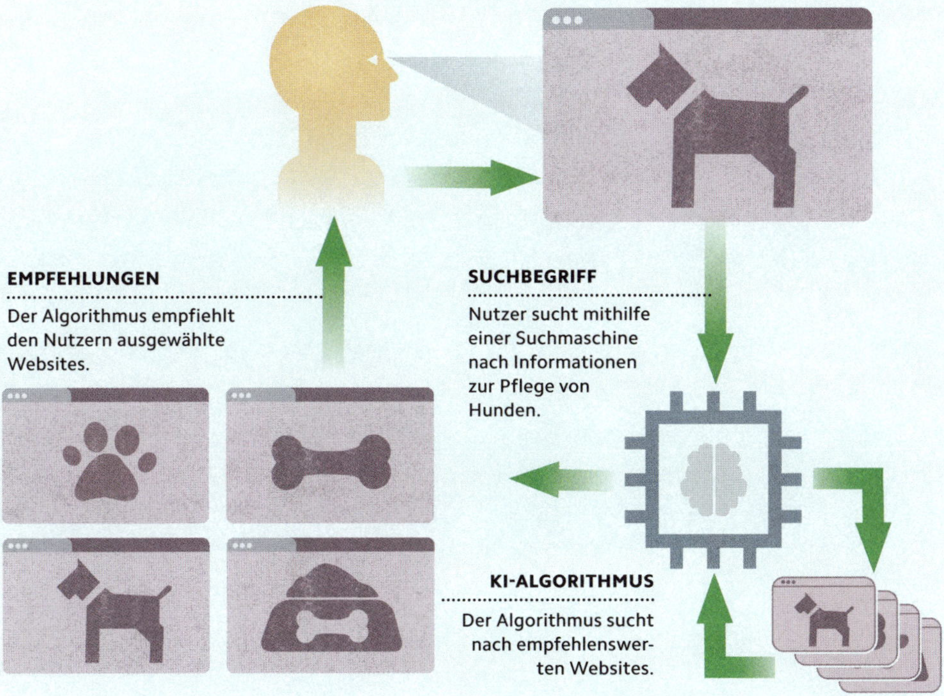

EMPFEHLUNG

Anhand des eigenen Browserverlaufs sowie des Verlaufs anderer Internetnutzer können KI-Empfehlungsalgorithmen Websites und Produkte vorschlagen, die den Nutzer interessieren könnten. Dabei können ähnliche Inhalte wie die, die der Nutzer zuvor gesehen hat, vorgeschlagen oder Websites angeboten werden, die vergleichbare Webnutzer besucht haben. Hierzu machen Algorithmen Vorhersagen (siehe S. 70–71). Wenn z. B. ein Internetnutzer nach Tipps zur Hundepflege sucht, wird der KI-Algorithmus vorhersagen, dass er einen Hund hat oder haben möchte. Er durchsucht dann das Internet nach beliebten Websites und Produkten, die mit Hunden zu tun haben.

BEDROHUNGEN ERKENNEN

Herkömmliche Software zur Erkennung von Bedrohungen sucht nach bekannten »Signaturen« (siehe S. 97), blockiert die entdeckten Malware-Dateien und gibt Warnungen aus. Durch die Integration einer KI in das System kann die Cyberabwehr neue und mutierte Bedrohungen (»Zero-Day«-Malware) erkennen und kategorisieren, die unerkannt bleiben würden, da ihre Signaturen noch unbekannt sind. Da neue Bedrohungen heute sehr schnell auftauchen, ist dies ein wichtiger Fortschritt. KI wird auch zur Unterstützung bei der Reaktion auf Sicherheitsverletzungen eingesetzt sowie um vorherzusagen, wie und wo ein System angegriffen werden könnte.

ONLINE-ANGRIFFE

Cyberangriffe gegen einen Nationalstaat werden als »Cyberkriegsführung« bezeichnet. Man kann einem Land aus der Ferne schweren Schaden zufügen, indem wichtige Dienste und kritische Infrastrukturen wie Stromnetze durch die Deaktivierung der sie steuernden Informationssysteme gestört werden. Zu den Taktiken der Cyberkriegsführung gehören Denial-of-Service (DoS)-Angriffe, Malware wie Viren sowie Ransomware, Desinformationskampagnen und staatlich unterstütztes Hacking. KI wird hier eingesetzt, um diese Angriffe zu optimieren und sie schneller und ausgeklügelter zu machen. So ist KI-gesteuerte Malware sehr schwer zu entdecken, da sie in der Lage ist, mithilfe des maschinellen Lernens (siehe S. 58–59) Schwachstellen im Sicherheitssystem eines Geräts zu finden, es anzugreifen und zu beschädigen.

Hacking
In ein System oder Gerät eindringen, um sich Zugang zu digitalen Daten anderer Menschen zu verschaffen, wird als »Hacking« bezeichnet.

Ransomware
Dies ist eine Art Malware, die Daten auf einem Gerät sucht und verschlüsselt, um sie erst nach Zahlung eines Lösegelds wieder freizugeben.

Malware
Unter Malware versteht man alle Computerprogramme, die ein Gerät beschädigen oder den Zugriff auf sensible Daten ermöglichen.

Denial-of-Service
Ein DoS (Denial-of-Service)-Angriff überlastet einen Server mit Anfragen, sodass dieser nicht mehr verfügbar ist.

Desinformation
Über das Internet werden von einzelnen Akteuren gezielt Falschinformationen verbreitet, um die öffentliche Meinung zu beeinflussen, Instabilität zu schaffen und soziale Unruhe zu stiften.

SUCHE NACH DEM UNBEKANNTEN

Eine KI vergleicht die Muster in der Einkaufshistorie der Kunden, um auffällige Aktivitäten aufzudecken.

BETRUG AUFDECKEN

Finanzinstitute setzen KI-Systeme ein, um Betrug aufzudecken – und zu verhindern. Diese Systeme können riesige Datenmengen über vergangene Transaktionen verarbeiten und lernen so die üblichen Verhaltensmuster der Bankkunden. Werden Transaktionen getätigt, die nicht in dieses Muster passen (siehe S. 69), kann eine KI diese mit dem Hinweis versehen, dass sie geprüft werden müssen, oder andere Maßnahmen ergreifen, z. B. das Konto des Kunden einfrieren. Eine KI kann jede Transaktion nach der Wahrscheinlichkeit bewerten, ob es sich um einen Betrug handelt, und dann eine Warnung ausgeben, wenn diese Bewertung einen bestimmten Schwellenwert überschreitet.

KI IM FINANZWESEN

Unter Hochfrequenzhandel (HFT) versteht man den Einsatz spezieller Algorithmen, um Anlageentscheidungen und Transaktionen mit extrem hoher Geschwindigkeit zu tätigen – und das täglich millionenfach. Einige Finanzinstitute verwalten ganze Anlageportfolios mithilfe von HFT. Durch die Auswertung riesiger Mengen von Marktdaten in Echtzeit kann man die besten Aktien zum Kauf und Verkauf sowie den optimale Zeitpunkt dafür ermitteln und Transaktionen extrem schnell durchführen. Zur Unterstützung analysiert HFT Nachrichtenberichte und soziale Medien mithilfe der Verarbeitung natürlicher Sprache (NLP, siehe S. 112).

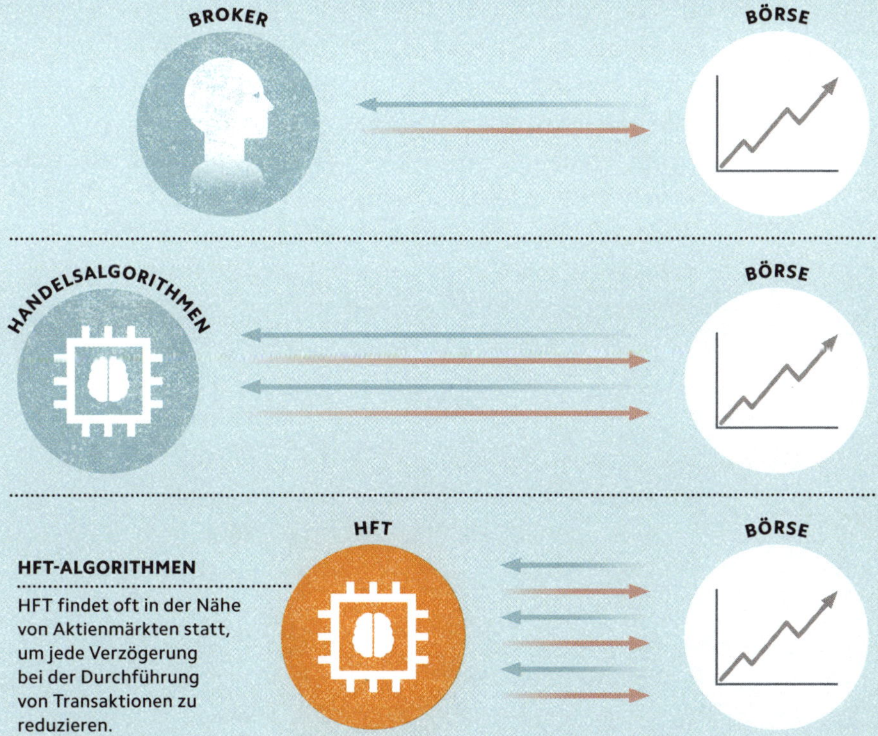

HFT-ALGORITHMEN

HFT findet oft in der Nähe von Aktienmärkten statt, um jede Verzögerung bei der Durchführung von Transaktionen zu reduzieren.

PROTEINE ENTRÄTSELN

KI beschleunigt nicht nur langwierige Tätigkeiten, sie hilft auch, neue wissenschaftliche Forschungsfelder zu erschließen. So haben Wissenschaftler mithilfe von Deep Learning (siehe S. 86) und sorgfältig gesammelten experimentellen Daten einer KI beigebracht, die 3-D-Struktur von »gefalteten Proteinen« – den Bausteinen des Lebens – mit atomarer Präzision vorherzusagen. Zuvor konnten Wissenschaftler nicht sagen, wie die Chemie eines Proteins seine gefaltete Struktur bestimmt. Dieses Problem der »Proteinfaltung« war so komplex, dass es jahrzehntelang ungelöst blieb. Heute hat das Verständnis der Funktionsweise dieser Proteine die medizinische Forschung verändert und die Entwicklung neuer Medikamente beschleunigt.

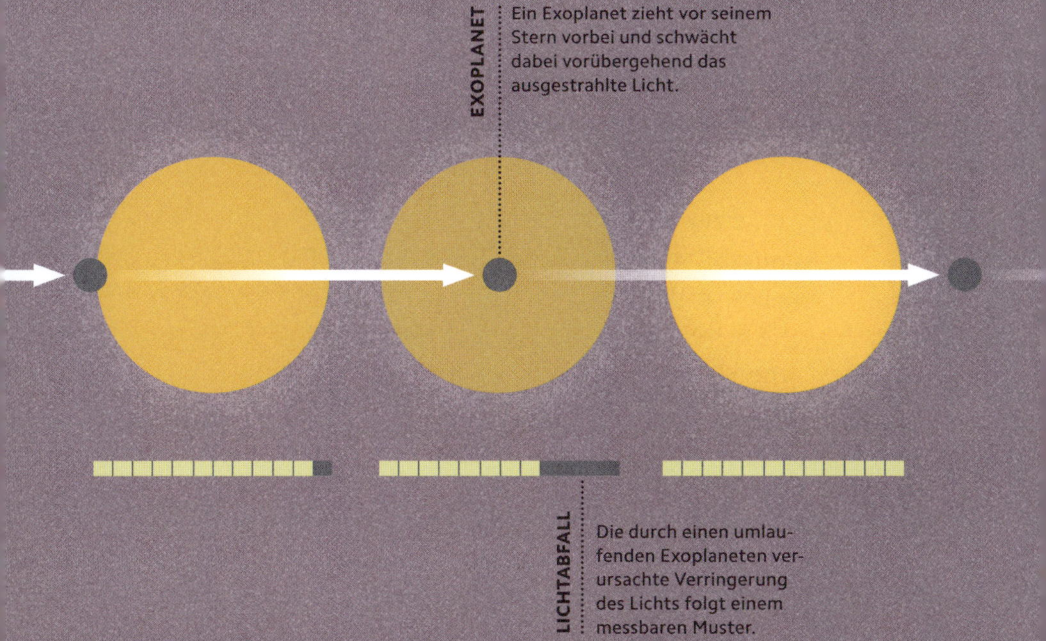

AUF PLANETENSUCHE

KI ist ein leistungsfähiges Werkzeug in der wissenschaftlichen Forschung. Mit ihrer Hilfe können Wissenschaftler in riesigen Datenmengen nach interessanten Phänomenen suchen. In der Astronomie wird KI z. B. eingesetzt, um Galaxien zu klassifizieren, nach Gravitationswellen zu suchen und »Exoplaneten« mit hoher Genauigkeit zu identifizieren. Ein Exoplanet ist ein Planet außerhalb unseres Sonnensystems. Indem es misst, wie viel Licht eines Sterns im Zeitverlauf blockiert wird, kann ein künstliches neuronales Netz (siehe S. 76) erkennen, ob dieses Muster von einem Exoplaneten verursacht wird. Hunderte von Exoplaneten wurden so mithilfe von KI entdeckt.

DIGITALE ÄRZTE

Für Mediziner hat sich KI schnell zu einem leistungsstarken Werkzeug entwickelt. Maschinelles Lernen, insbesondere Deep Learning (siehe S. 86), erweist sich bei der Erkennung von Krankheiten als wirksam, z. B. bei der Suche nach Anzeichen für Lungenkrebs in CT-Scans oder bei der Erkennung von durch Diabetes verursachten Netzhautproblemen auf Aufnahmen des Auges. KI wird auch eingesetzt, um Menschen mit hohem Risiko für bestimmte Krankheiten zu identifizieren, dringende Fälle zu priorisieren und Ärzten bei der Auswahl von Behandlungen zu helfen.

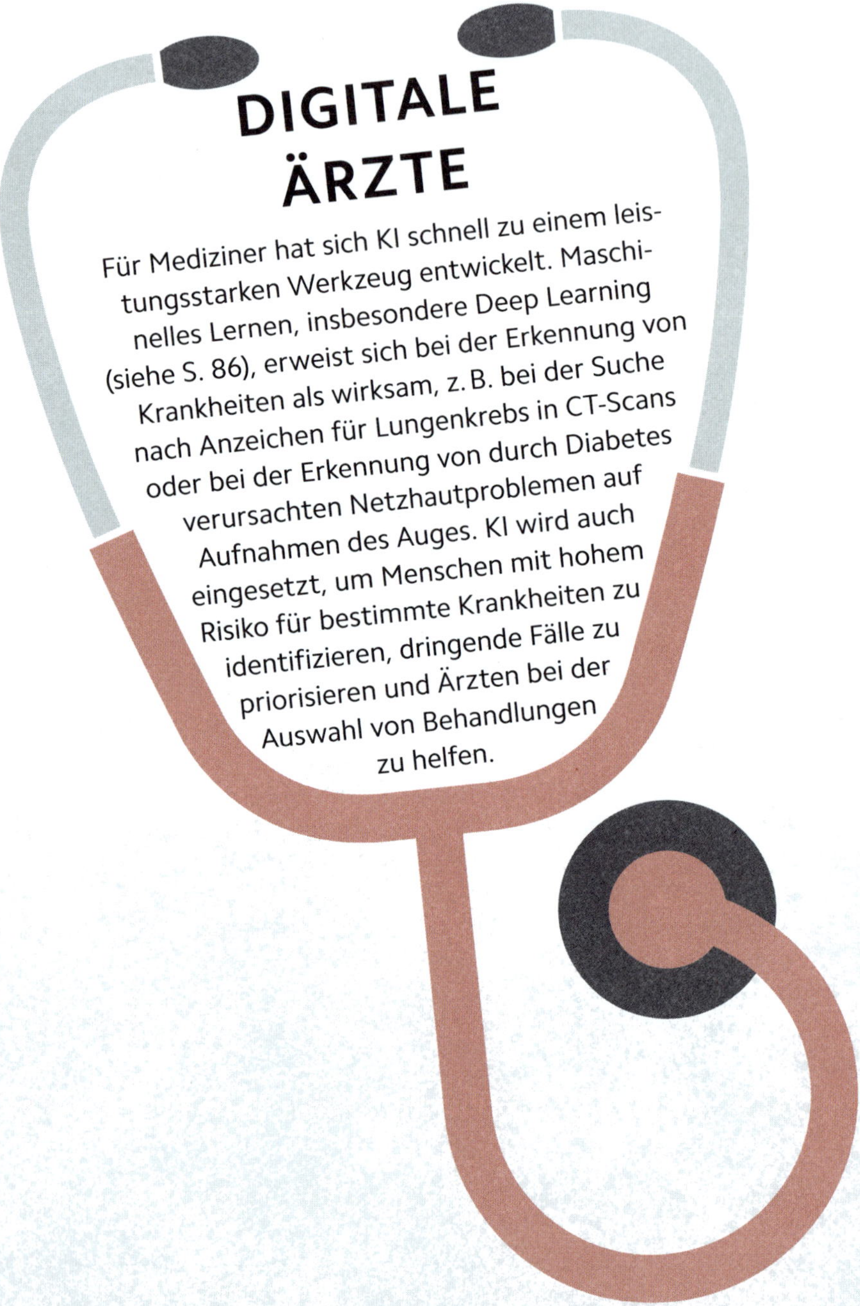

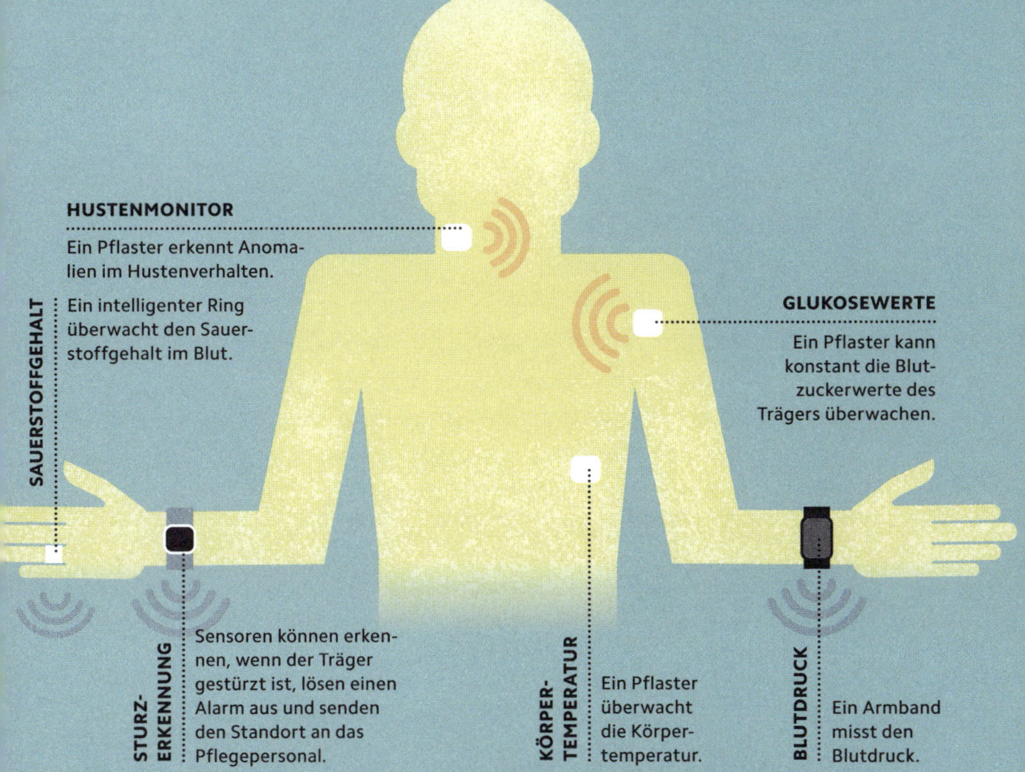

GESUNDHEIT ÜBERWACHEN

KI spielt eine wichtige Rolle in einem neuen Bereich der Medizin – der »Telemedizin«. Durch das Tragen von Sensoren, die lebenswichtige Körperfunktionen wie Sauerstoffaufnahme und Blutdruck überwachen, kann eine Person ihrem Alltag mit der Gewissheit nachgehen, dass, wenn ein Sensor ein Problem feststellt, ein Signal an einen digitalen Assistenten (eine App auf dem Telefon oder PC) gesendet wird, der wiederum – über das Internet – eine KI in einem Gesundheitszentrum alarmiert. Diese KI vergleicht den Bericht des digitalen Assistenten mit früheren Daten über die Person und alarmiert bei Bedarf einen Arzt. Entscheidend ist, dass diese Technologie Probleme erkennen kann, derer sich die Person möglicherweise gar nicht bewusst ist. So kann man auch die allgemeine Fitness und das psychische Wohlergehen von Menschen überwachen.

INTERNET DER DINGE

Das »Internet der Dinge« (IoT) ist ein Netzwerk miteinander verbundener Geräte, die Daten über das Internet sammeln und austauschen – nicht nur Telefone und Computer, sondern auch intelligente Kühlschränke, selbstfahrende Autos, Fitnessmonitore, Überwachungskameras und Milliarden anderer Gegenstände. Aufgrund der riesigen Datenmengen, die diese Geräte sammeln, und der Anforderung, dass sie angemessen auf ihre Nutzer und ihre Umgebung reagieren müssen, ist die KI zu einem integralen Bestandteil des IoT geworden. Ein intelligenter Stromzähler kann z. B. mithilfe einer KI Muster im Energieverbrauch eines Nutzers erkennen und Anpassungen zur Energieeinsparung vorschlagen.

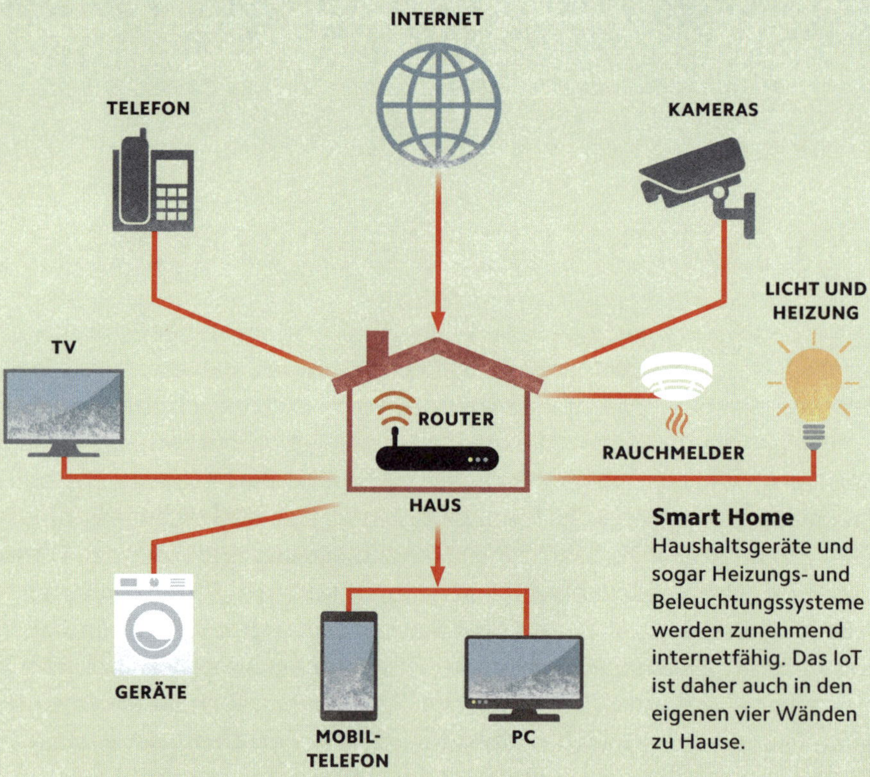

Smart Home
Haushaltsgeräte und sogar Heizungs- und Beleuchtungssysteme werden zunehmend internetfähig. Das IoT ist daher auch in den eigenen vier Wänden zu Hause.

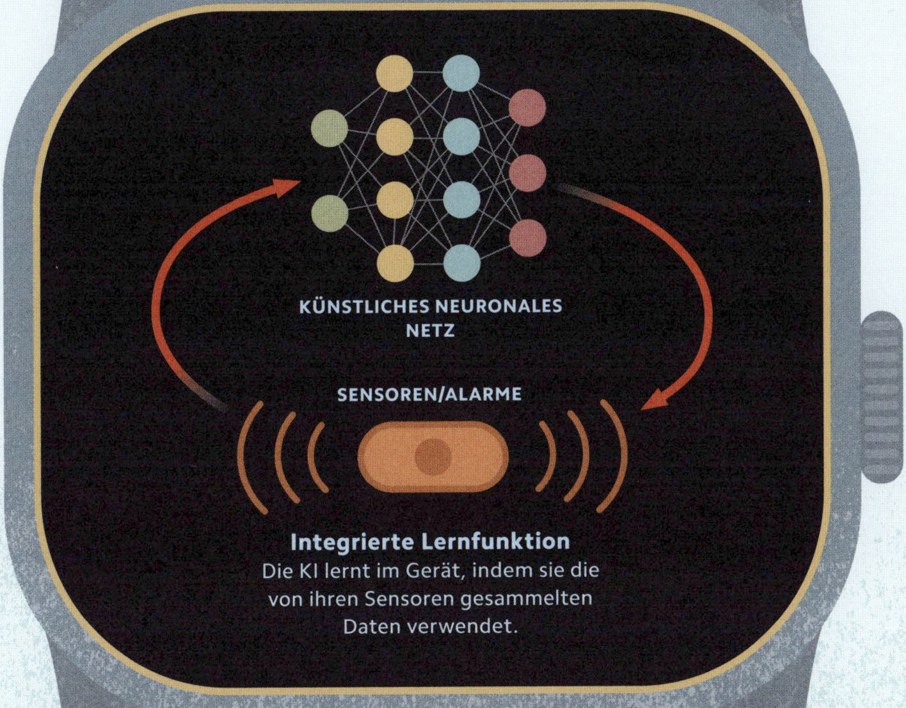

Integrierte Lernfunktion
Die KI lernt im Gerät, indem sie die von ihren Sensoren gesammelten Daten verwendet.

INTELLIGENTE GERÄTE

Die »Intelligenz« im Internet der Dinge (siehe S. 104) liegt zumeist in fernen Rechenzentren – Clouds –, die in der Regel Technologieunternehmen gehören. Zunehmend wird jedoch KI-Software, die zu maschinellem und tiefem Lernen fähig ist, in Geräte wie Mobiltelefone oder intelligente Uhren integriert. Durch die Verwendung eingebetteter KI müssen Daten nicht ständig zwischen Cloud und Gerät ausgetauscht werden, was den Stromverbrauch, die Datenverarbeitungszeit, das Risiko von Datenschutzverletzungen und die Abhängigkeit von Cloud-Anbietern verringert. In Echtzeit-Überwachungsgeräten (siehe S. 106) ermöglicht die eingebettete KI eine nahezu sofortige Erkennung und Reaktion.

ÜBERWACHUNGSSYSTEME

Mithilfe des »IoT« (siehe S. 104) kann KI alle Arten von Geräten automatisch überwachen – bis hin zu großen Infrastruktursystemen wie Gasleitungen, Verkehrs- und Stromnetzen. Überall in diesen Systemen verteilte Sensoren sammeln Daten und übermitteln sie an die KI, die diese dann auf Abweichungen untersucht (siehe S. 69) und gegebenenfalls menschliche Techniker zur weiteren Prüfung alarmiert. KI wird auch für Vorhersagen eingesetzt, wo in Zukunft Fehler auftreten könnten, damit Techniker Maßnahmen gegen den Ausfall der Anlagen ergreifen. Solche Maßnahmen minimieren die Unterbrechungszeiten, die entstehen, wenn komplexe, wartungsintensive Geräte eingesetzt werden.

Ein Leck erkennen
Wird ein Leck entdeckt, arbeitet die KI einen Entscheidungsbaum (siehe S. 65) ab, der sie anweist, das nächstliegende Ventil leckaufwärts zuzudrehen.

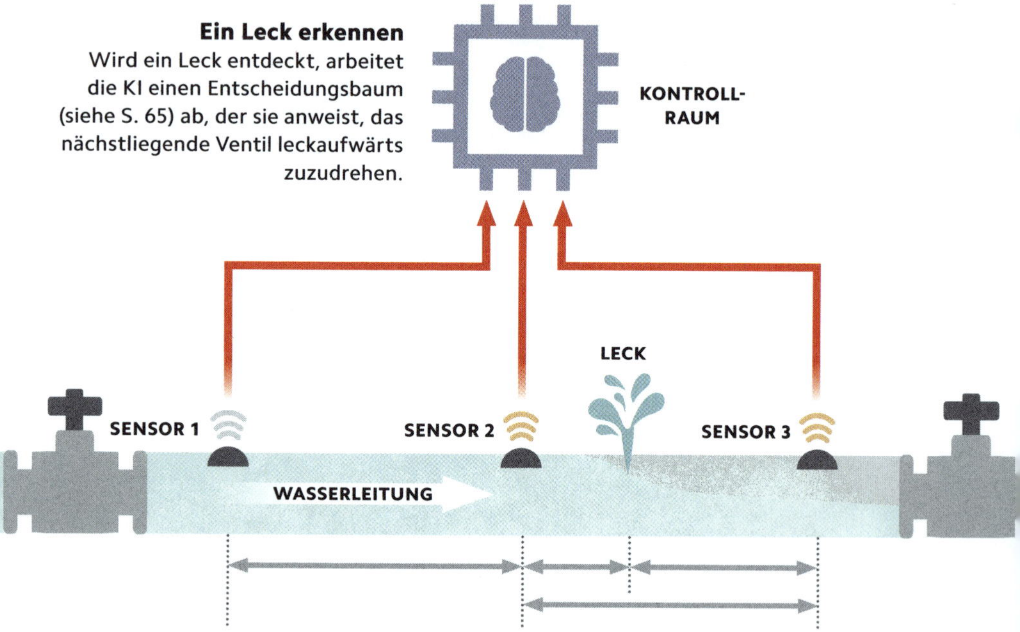

Druck überwachen
Sensoren überwachen den Druck in einer Wasserleitung und übertragen die Daten drahtlos an die KI. Die KI entdeckt eine Abweichung, da der Druck niedriger ist, als er zwischen den Sensoren 2 und 3 sein sollte.

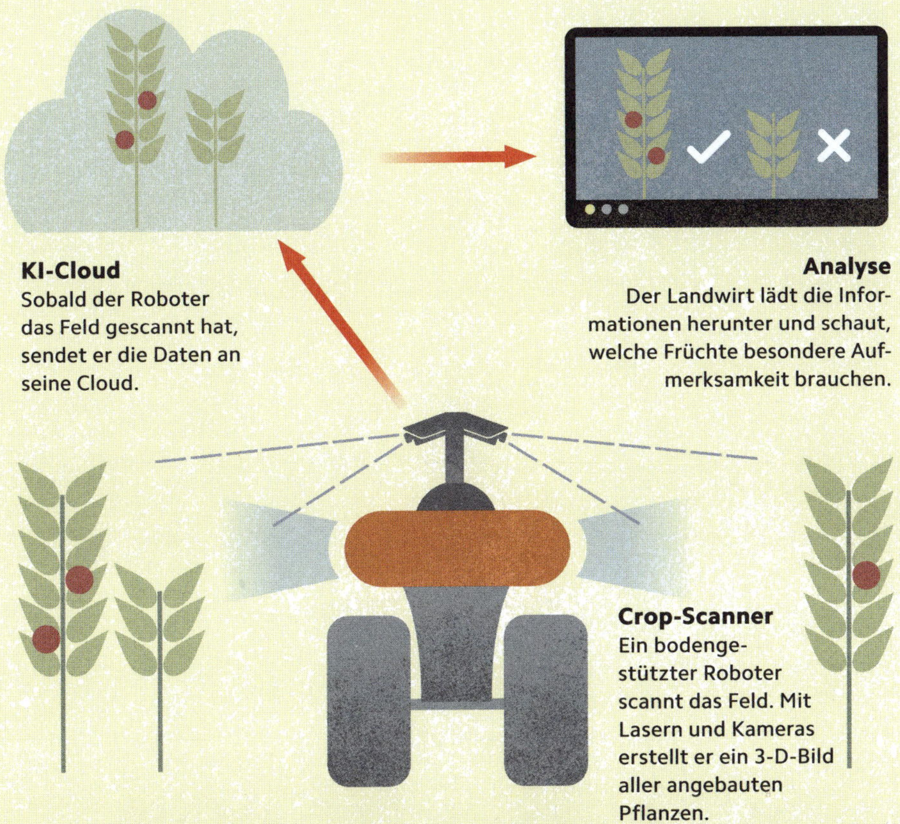

LANDWIRTSCHAFT 4.0

KI ist eine Schlüsseltechnologie im »Präzisionsackerbau« – ein Ansatz in der Landwirtschaft, der den Einsatz von Wasser und anderen Ressourcen optimiert, um Erträge zu steigern und Verschwendung zu minimieren. Mithilfe von Drohnen in der Luft oder Robotern am Boden, die von KI analysierte Daten sammeln, können Landwirte in Echtzeit Informationen über ihre Pflanzen erhalten, sodass sie jederzeit wissen, welche davon Wasser, Pestizide oder Dünger benötigen. Solche präzisen Anbaumethoden könnten in den kommenden Jahrzehnten unverzichtbar werden, wenn die Weltbevölkerung um weitere zwei Milliarden Menschen wachsen wird.

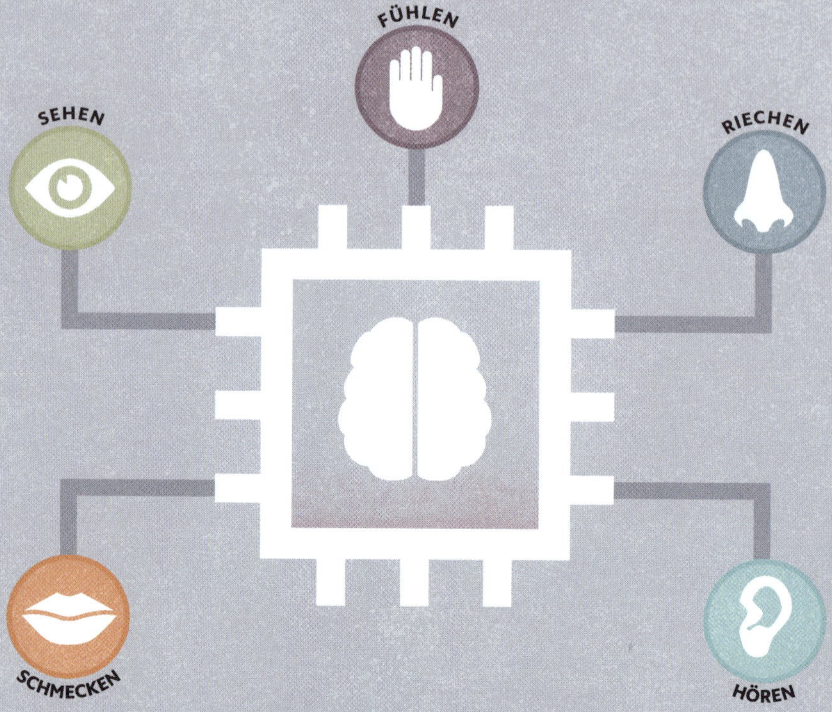

KÜNSTLICHE SENSORIK

Ein wichtiger Aspekt menschlicher Intelligenz ist die Fähigkeit, die Welt durch Sehen, Hören, Tasten, Riechen und Schmecken wahrzunehmen. Maschinelle Wahrnehmung ist die Fähigkeit von Computern, ihre Umgebung über spezielle Hardware (z. B. Kameras und Mikrofone) wahrzunehmen und die gesammelten Daten zu interpretieren und entsprechend darauf zu reagieren. So können Computer Informationen aus anderen Quellen als Tastatur und Maus empfangen, was ein Schritt zur Angleichung der KI an menschliche Intelligenz ist. Die maschinelle Wahrnehmung, die für die verkörperte KI von entscheidender Bedeutung ist (siehe S. 118), umfasst maschinelles Sehen (siehe S. 110), maschinelles Hören (siehe S. 109), maschinelles Tasten, maschinelles Riechen und maschinelles Schmecken.

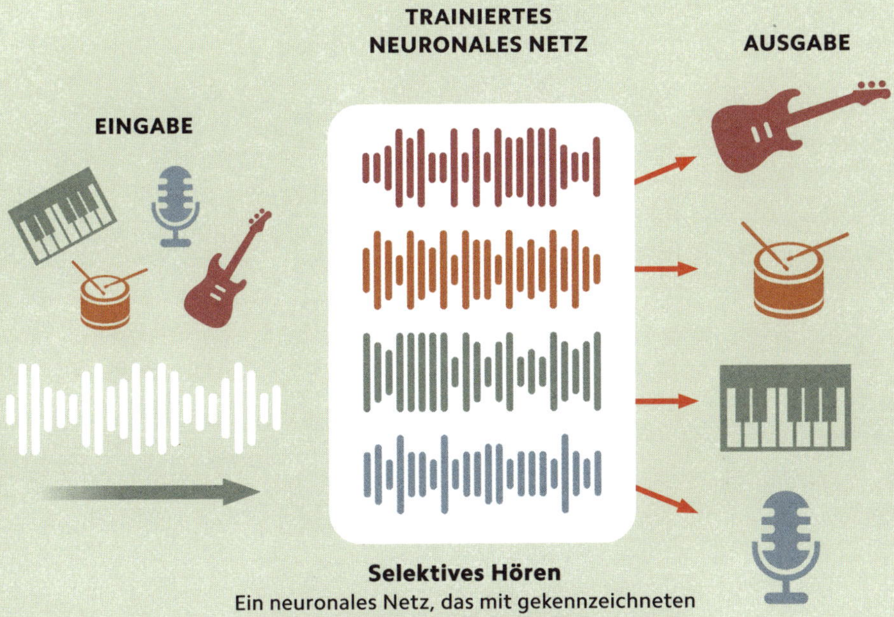

Selektives Hören
Ein neuronales Netz, das mit gekennzeichneten oder nicht gekennzeichneten Daten trainiert wurde (siehe S. 72–73), kann in einer Klangmischung verschiedene Instrumente unterscheiden.

KLANG VERARBEITEN

Maschinelles Hören ist die Fähigkeit eines Computers, Audiodaten wie Musik oder menschliche Sprache wahrzunehmen und zu verarbeiten. In diesem interdisziplinären Bereich kommen sowohl klassische (siehe S. 35) als auch statistische (siehe S. 57) Ansätze der KI zum Einsatz. Bei der Entwicklung von Technologien für das maschinelle Hören wird versucht, die Fähigkeiten des Gehirns nachzubilden, die für den Menschen in der Regel selbstverständlich sind, z. B. die Konzentration auf ein bestimmtes Geräusch inmitten von Hintergrundgeräuschen. Die Spracherkennung ist ein Teilbereich des maschinellen Hörens. Sie zielt darauf ab, die Bedeutung der gesprochenen Sprache zu verstehen, oft unter Verwendung von Deep Learning (siehe S. 86), um Modelle zu trainieren.

SEHEN NACHAHMEN

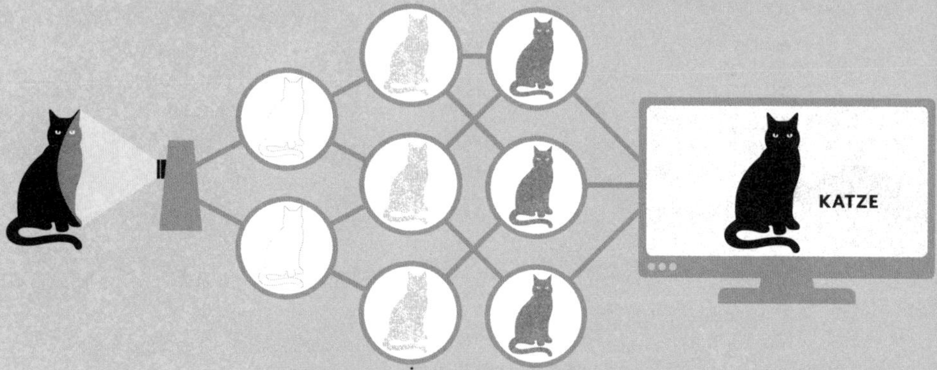

SCHICHTEN Mehrere Schichten innerhalb der KI identifizieren Merkmale aus dem Bild, bis sie erkennt – es ist eine Katze.

Maschinelles Sehen (»Computer Vision«) ist die Fähigkeit eines Computers, Bilder und Videos zu erkennen, um etwa zu verstehen, dass eine bestimmte Anordnung von Pixeln mit dem Bild einer Katze verbunden ist. Auf dem Gebiet des maschinellen Sehens wird versucht, die Aufgaben zu automatisieren, die von biologischen visuellen Systemen, wie dem menschlichen Auge und Teilen des Nervensystems, ausgeführt werden. Das Aufkommen von Deep Learning (siehe S. 86), das mehrschichtige künstliche neuronale Netze (KNN, siehe S. 76) verwendet, und die Verfügbarkeit sehr großer Trainingsdatensätze im Internet haben das Gebiet stark vorangebracht. Maschinelles Sehen wird in vielen Bereichen eingesetzt, so auch bei der Gesichtserkennung (siehe S. 111).

GESICHTSERKENNUNG

Die Gesichtserkennung ist eine Form des maschinelles Sehens (siehe S. 110), die Fotos oder Videos von menschlichen Gesichtern mit den in einer Datenbank gespeicherten Gesichtern vergleicht. Ein Gesicht wird fotografiert, und seine charakteristischen Merkmale, z. B. der Abstand zwischen den Augen, werden abgebildet, um einen einzigartigen »Gesichtsabdruck« zu erstellen, der dann mit bekannten Gesichtsabdrücken verglichen wird. Die Gesichtserkennung wird hauptsächlich für Sicherheitszwecke eingesetzt, z. B. in der Polizeiarbeit.

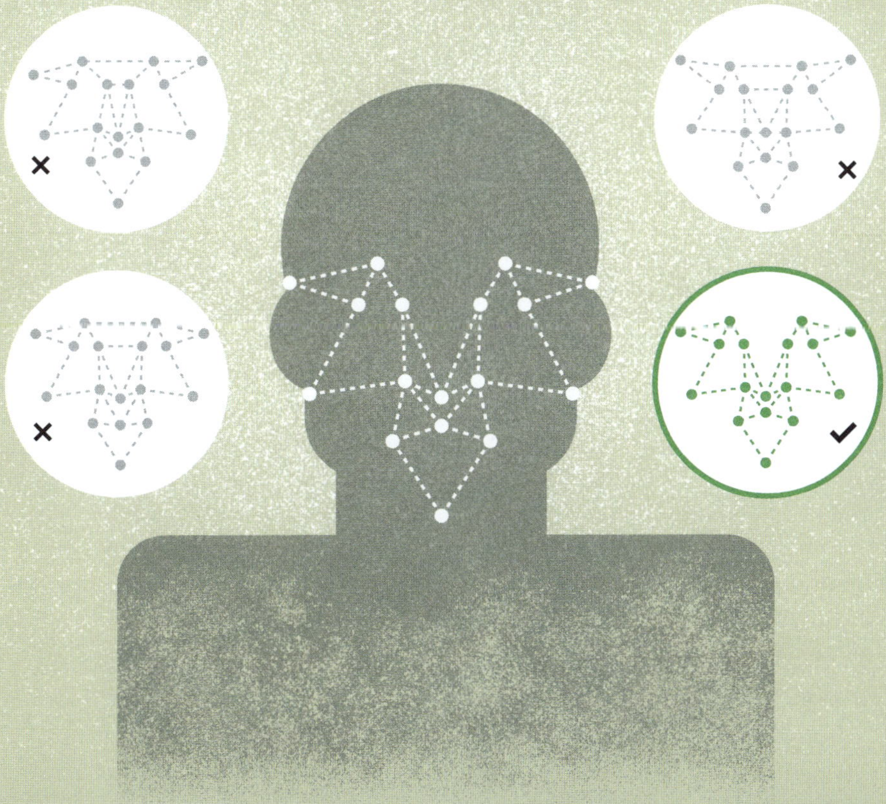

SPRACHERKENNUNG

Die Fähigkeit von Computern, natürliche Sprache zu »verstehen« und zu erzeugen – d. h. Sprache, wie Menschen sie sprechen und schreiben –, ist ein Schlüsselelement für die Nachahmung menschlicher Intelligenz. Die Verarbeitung natürlicher Sprache (Natural Language Processing, NLP), das Forschungsgebiet, das sich der Entwicklung dieser Fähigkeit widmet, kombiniert KI, Linguistik und andere Disziplinen. In den 1950ern versuchten Forscher, »sprachliche Intelligenz« zu imitieren, indem sie Computern explizite Regeln zur Sprachkategorisierung gaben. In jüngster Zeit führte die explosionsartige Zunahme von Rechenleistung und Datenmengen (siehe S. 33) dazu, dass man maschinelles Lernen – vor allem Deep Learning – mit beeindruckenden Ergebnissen in das NLP integrieren konnte. Zu den zahllosen Anwendungen gehören die maschinelle Übersetzung (siehe S. 113) und virtuelle Assistenten (siehe S. 116).

Elemente von NLP
NLP umfasst fünf Elemente, zu denen das Bilden von Wörtern aus Buchstaben und die Deutung der Absicht von Sätzen gehört.

Lexikalische Analyse
Sie beinhaltet das Strukturieren eines Beispiels in natürlicher Sprache in Wörter, Sätze und Absätze.

Syntaktische Analyse
So wird die Anwendung der formellen Grammatikregeln auf die natürliche Sprache bezeichnet.

Semantische Analyse
Der Prozess zur Bestimmung der wörtlichen Bedeutung von Wörtern in einem Beispiel in natürlicher Sprache.

Einbindung von Satzfolgen
Die Bedeutung aufeinanderfolgender Sätze wird in einer Einheit betrachtet, um Wörtern und Ausdrücken Kontext zu geben.

Pragmatische Analyse
Sie geht über die explizite Wortbedeutung hinaus und versucht, die beabsichtigte Bedeutung zu verstehen.

KI-DOLMETSCHER

Maschinelle Übersetzung (MÜ) ist der Einsatz von KI bei der automatischen Übertragung von Text oder Rede aus einer Sprache in eine andere. Übersetzen ist eine weitaus komplexere und anspruchsvollere Materie als das einfache Ersetzen eines Wortes durch sein Äquivalent in einer anderen Sprache. Daher ist MÜ derzeit eher ein Hilfsmittel als ein Ersatz für menschliche Übersetzer. Es gibt drei Ansätze: Die »regelbasierte MÜ« stützt sich auf sprachliche Regeln wie Grammatik und Syntax; die »statistische MÜ« nutzt die bekannten Beziehungen zwischen Wörtern, um ganze Sätze und Phrasen vorherzusagen, und die »neuronale MÜ« verwendet künstliche neuronale Netze (KNN, siehe S. 76), die darauf trainiert sind, Sprache fast so gut zu verstehen wie der Mensch.

MASCHINELLE ÜBERSETZUNG IN AKTION

Regelbasierte MÜ
Diese Methode liefert eine schnelle, aber einfache Übersetzung. Text und Rede können verstanden werden, müssen aber nachbearbeitet werden.

Statistische MÜ
Diese Methode sagt Wörter und Sätze voraus, ist aber nicht unbedingt korrekt. Die übersetzten Texte müssen häufig nachbearbeitet werden.

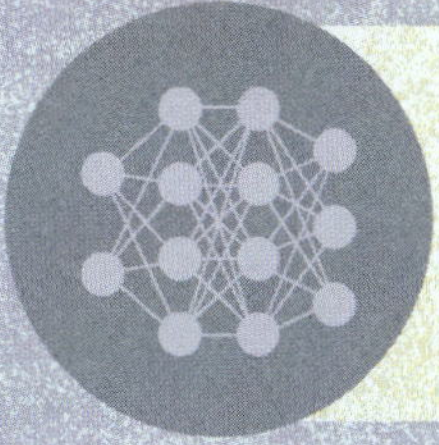

Neuronale MÜ
Ein trainiertes KNN ist genau und kann ständig verbessert werden. Um ein KNN zu trainieren, braucht es riesige Datenmengen und viel Geld.

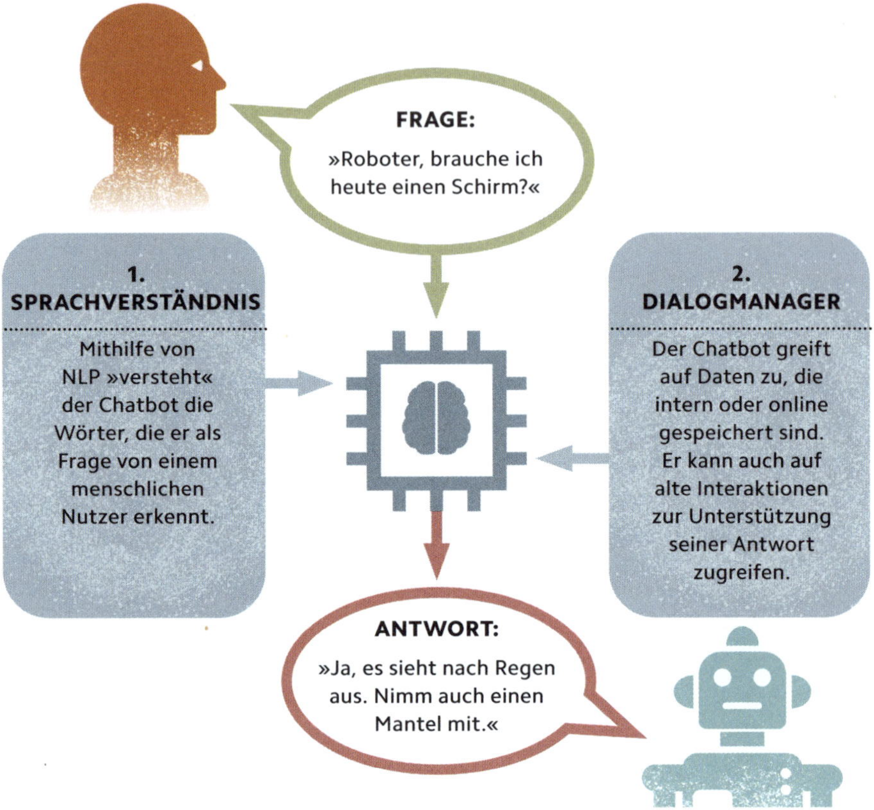

MIT EINER KI SPRECHEN

Chatbots, wie sie von virtuellen Assistenten eingesetzt werden (siehe S. 116), sind Programme, die Gespräche über Text oder Text-zu-Sprache führen können. Mithilfe der Verarbeitung natürlicher Sprache (siehe S. 112) imitieren Chatbots Gesprächssituationen. Chatbots, die auf klassischer KI, statistischer KI oder einer Kombination aus beiden basieren (siehe S. 54–55), sind sehr unterschiedlich weit ausgereift. Unternehmen verwenden für simple Kundenanfragen häufig einfache Chatbots, anstatt einen direkten Kontakt mit einem menschlichen Mitarbeiter bereitzustellen. Doch die fortschrittlichsten Chatbots, z. B. ChatGPT (siehe S. 115), können den Eindruck von Intelligenz erwecken.

KI-TEXTE

Große Sprachmodelle (Large Language Models, LLM) sind eine Art der generativen KI (siehe S. 117), die Texte produziert, die man von Texten, die Menschen geschrieben haben, nicht unterscheiden kann. Sie erzeugen Texte, indem sie jeweils immer das nächste Wort einer Folge vorhersagen. Das überzeugende Ergebnis beruht auf ihrer enormen Größe: Sie werden mit Datensätzen mit Hunderten von Milliarden Wörtern trainiert und enthalten Milliarden Gewichte (siehe S. 78). LLM stehen hinter Chatbot-Anwendungen wie ChatGPT, Google Bard und Bing Chat. Sie erzeugen sehr gut menschenähnlichen Text, aber der Text ist nicht immer sachlich korrekt, da die Trainingsdaten Ungenauigkeiten oder Verzerrungen enthalten können (siehe S. 142).

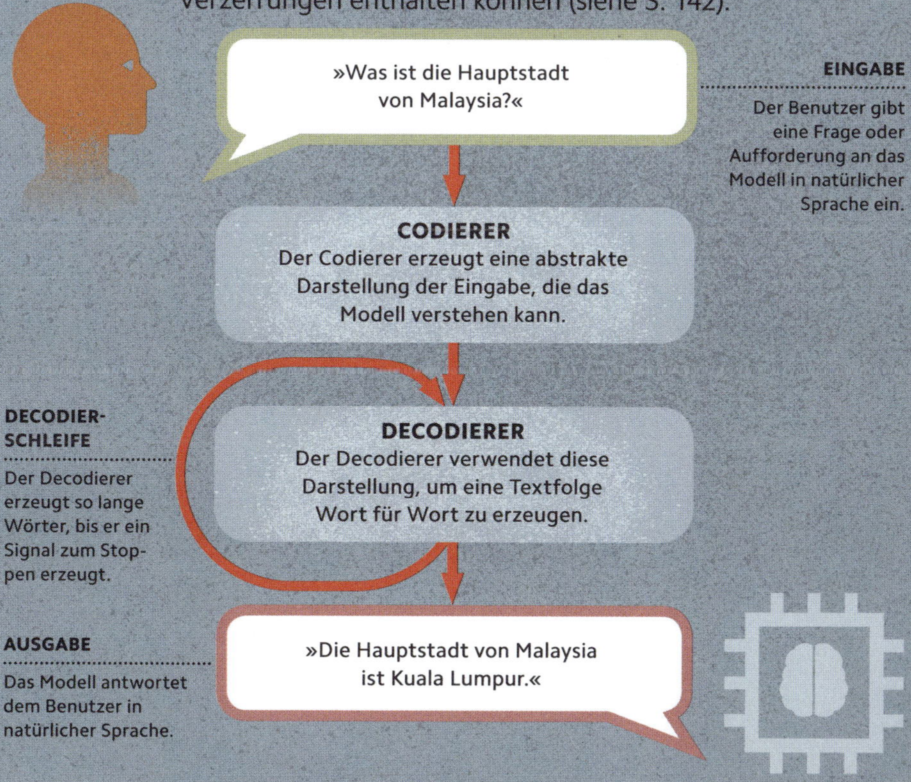

KI-HELFER

Ein virtueller Assistent ist eine Softwareanwendung oder ein Gerät, das maschinelles Hören (siehe S. 109) und die Verarbeitung natürlicher Sprache (NLP; siehe S. 112) verwendet, um Aufgaben auf Befehl auszuführen, z. B. die Suche im Internet, das Abspielen von Musik oder das Einstellen von Timern und Alarmen. Einfache virtuelle Assistenten sind im Prinzip Chatbots (siehe S. 114), während komplexere Modelle über das Internet der Dinge (siehe S. 104) mit anderen »intelligenten« Geräten interagieren können, um Systeme wie Beleuchtung oder Heizung zu aktivieren. Viele virtuelle Assistenten sind cloudbasiert und werden kontinuierlich mit Sprachdaten trainiert, sodass sie die Bedürfnisse und Vorlieben des Nutzers immer besser vorhersagen können.

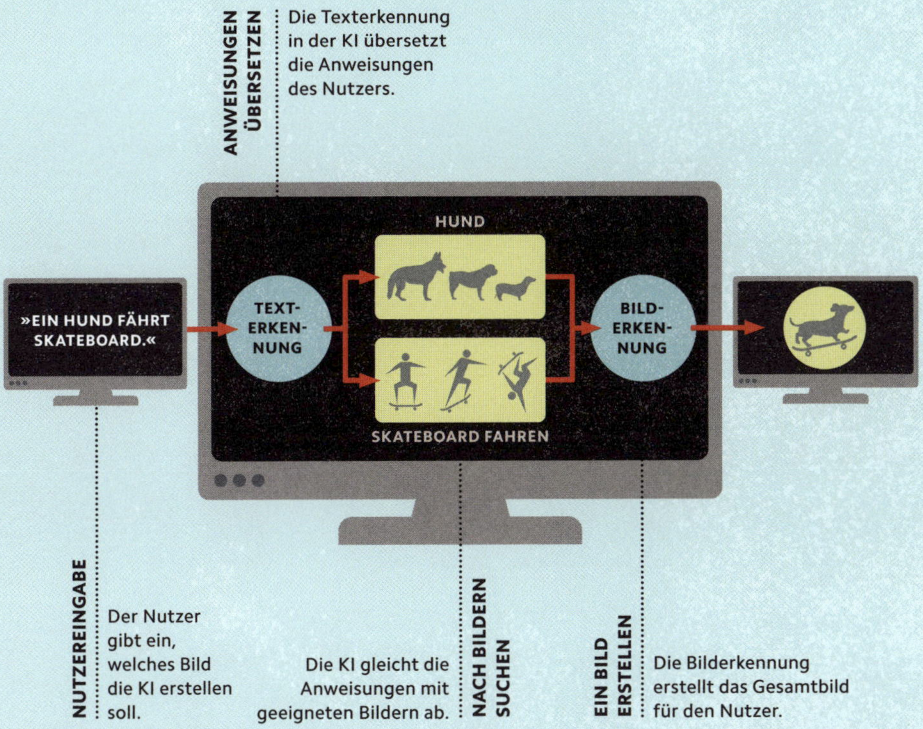

KI-KUNST

Generative KI ist ein Bereich, der sich mit der Synthese neuer Inhalte wie Bilder, Audio, Text oder Video auf der Grundlage einer Eingabe in einem dieser Formate beschäftigt. Ein generatives KI-Modell könnte z. B. so trainiert werden, dass es ein Bild einer Cartoon-Giraffe erzeugt, wenn es mit der Texteingabe »Cartoon-Giraffe« dazu aufgefordert wird. Die Generierung von KI-Bildern gibt es seit den 1960er-Jahren und kann eine Vielzahl klassischer und statistischer Verfahren verwenden. In jüngster Zeit haben sich jedoch Generative Adversarial Networks (GAN, siehe S. 87) als so effektive »Künstler« erwiesen, dass sie eine Debatte darüber ausgelöst haben, ob Kunst als etwas einzigartig Menschliches betrachtet werden kann.

INTELLIGENTE ROBOTER

KI, die so konzipiert ist, dass sie physisch mit ihrer Umgebung interagiert, wird als »verkörperte KI« bezeichnet. Solche KI, zu denen auch Roboter gehören, imitiert nicht nur die kognitive Intelligenz des Menschen, sondern auch sein Körperverhalten. Sie tut dies mithilfe von Sensoren, Motoren und anderer Hardware, mit der sie ihre dreidimensionale Umgebung wahrnehmen (siehe S. 108), sich darin bewegen (siehe S. 120) und diese beeinflussen (siehe S. 121) kann. Die Entwicklung solcher Maschinen ist ein wichtiger Entwicklungsschritt in der künstlichen Intelligenz, da ein Großteil dessen, was wir als menschliche Intelligenz betrachten, unsere Fähigkeit zur Interaktion mit unserer Umgebung beinhaltet. Verkörperte KI sind z. B. Staubsauger- und Rasenmähroboter.

KI-BEGLEITER

Ein »sozialer Roboter« ist eine verkörperte KI (siehe S. 118), die in der Lage ist, mit Menschen sozial zu interagieren und dabei Sprache, Bewegung, Mimik und andere menschenähnliche Verhaltensweisen einzusetzen. Soziale Roboter sind als Begleiter begrenzt einsetzbar, da viele grundlegende menschliche Fähigkeiten schwierig nachzubilden sind, z. B. das Handhaben von Gegenständen (siehe S. 52–53) oder das Verstehen des Tonfalls. Auch wenn sie weitgehend als Neuheit betrachtet werden, werden sie gelegentlich im Gesundheits- und Sozialwesen eingesetzt, um Einsamkeit, Depressionen und Angstzustände zu lindern. Obwohl sie jede Form und Größe haben können, sind die meisten sozialen Roboter Humanoide.

BEWEGUNG UND MOBILITÄT

Viele Roboter werden stationär betrieben, z. B. in Fertigungsstraßen, manche, z. B. Drohnen, können sich jedoch bewegen und ihre Umgebung erkunden. Diese mobilen Roboter sind in ganz unterschiedlichem Maße autonom: Einige werden vom Menschen ferngesteuert, während andere ohne menschliches Eingreifen navigieren können. Ein vollständig autonomer Roboter verfügt über eine KI, die Daten verarbeiten kann, die von Sensoren – optischen Kameras oder LIDAR (siehe S. 122) – erfasst werden, um den Weg vorauszuplanen.

LERNEN
Eine Rückkopplungsschleife verbessert die Genauigkeit der KI.

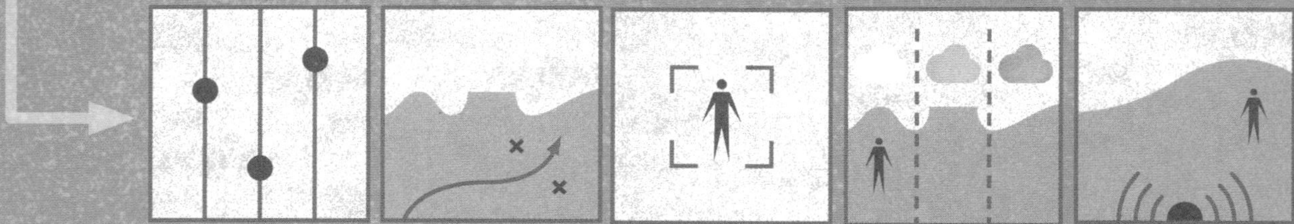

WAHRNEHMEN
Sensoren, z. B. Kameras, nehmen Informationen aus der Umgebung auf.

VERBINDEN
KI ordnet die Informationen in ein Modell der Umgebung ein.

WAHRNEHMEN
KI erkennt den eigenen Standort und ihr Ziel anhand der Sensoreingabe.

PLANEN
KI untersucht das Modell und zeichnet dann den optimalen Weg zum Ziel.

KONTROLLIEREN
KI lenkt den Roboter um Objekte herum, damit er das Ziel erreicht.

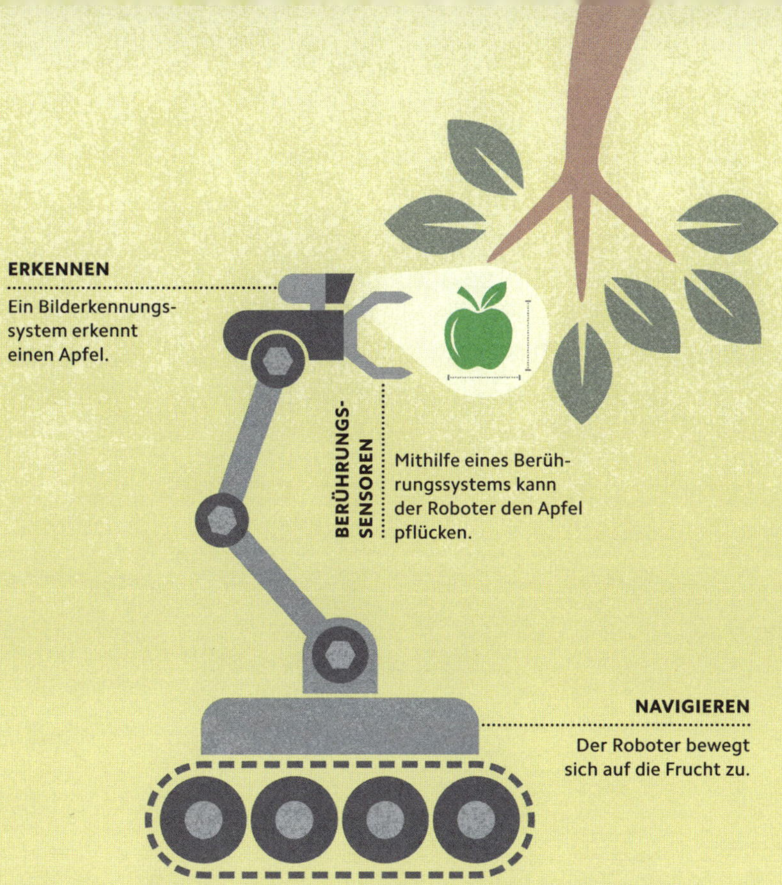

MANUELLE FERTIGKEIT

Eine der größten Herausforderungen in der Robotik besteht darin, Maschinen zu bauen, die physisch mit ihrer Umgebung interagieren können. Um selbst die einfachste menschliche Handlung, wie das Pflücken eines Apfels, ausführen zu können, muss ein Roboter über einen ausgezeichneten Seh- und Tastsinn verfügen, damit er genau den richtigen Druck ausüben kann, um Objekte richtig zu greifen. Viele dieser Roboter werden derzeit in überwachten Umgebungen, z. B. in Fabriken, eingesetzt, könnten aber schon bald so ausgereift sein, dass sie Menschen bei der Hausarbeit helfen.

SELBSTFAHRENDE AUTOS

Autonome Fahrzeuge sind Beispiele für mobile Roboter (siehe S. 120). Sie nutzen Systeme mit Sensoren, KI und Aktuatoren (siehe S. 27), um den menschlichen Fahrer zu Lande, zu Wasser oder in der Luft zu unterstützen oder ganz zu ersetzen. »Selbstfahrende« oder »fahrerlose« Autos sind eine Kategorie autonomer Fahrzeuge, die sich in der Entwicklung befindet. Autos mit teilautonomer Steuerungstechnik sind bereits verfügbar. Ihr Aufkommen auf den Straßen wirft komplexe rechtliche und ethische Fragen auf, z. B. wer für Unfälle verantwortlich ist, die von KI-gesteuerten Autos verursacht werden (siehe S. 152).

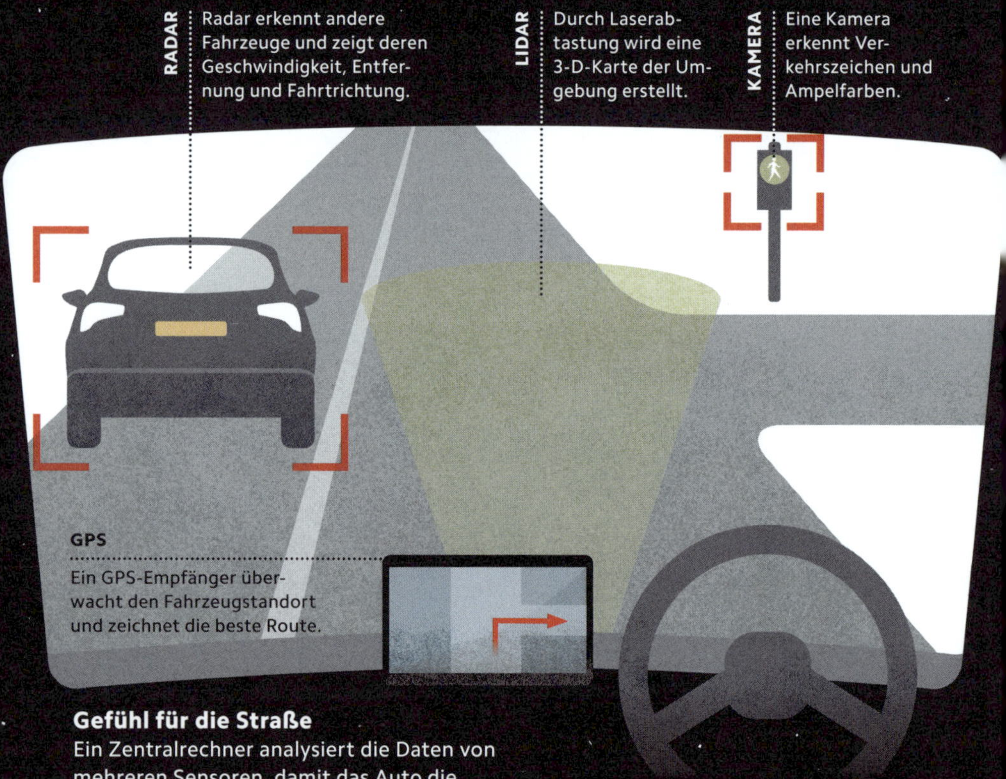

Gefühl für die Straße
Ein Zentralrechner analysiert die Daten von mehreren Sensoren, damit das Auto die Umgebung »verstehen« kann.

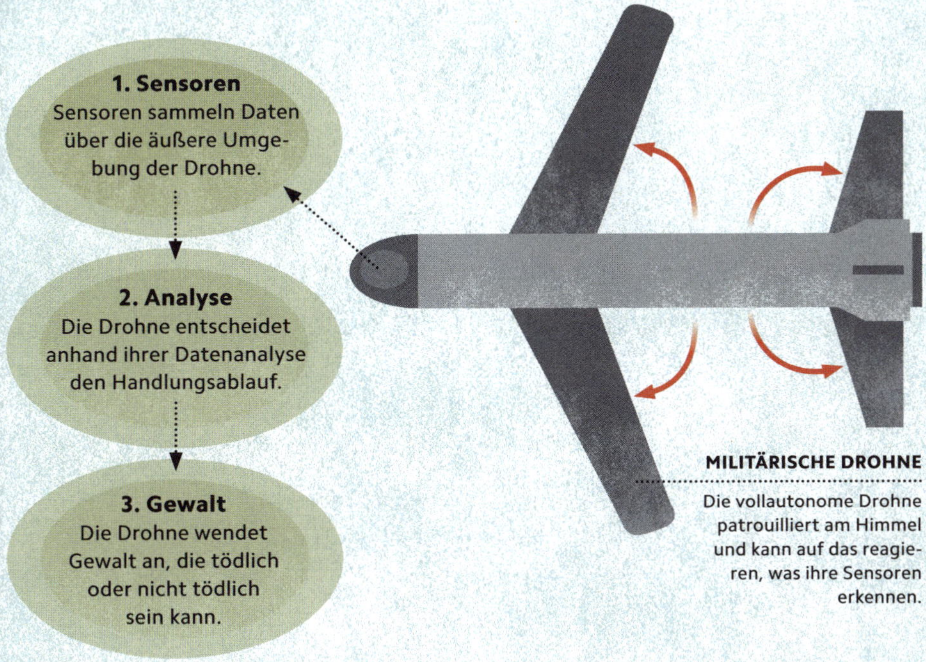

MILITÄRISCHE DROHNE

Die vollautonome Drohne patrouilliert am Himmel und kann auf das reagieren, was ihre Sensoren erkennen.

KI UND KRIEG

Militärische Bedürfnisse treiben viele KI-gesteuerte Neuerungen voran. Dies hat zur Entwicklung hoch entwickelter autonomer Systeme geführt, die militärische Aufgaben mit geringem oder ohne menschliches Eingreifen erfüllen können. Einige davon, darunter Aufklärungsdrohnen, sind nicht todbringend. Andere, z. B. Abwehrsysteme, sind selbst tödliche Waffen, die in der Lage sind, Ziele zu identifizieren, zu erfassen und zu beschießen. Es wird viel darüber diskutiert, ob der Einsatz vollautonomer tödlicher Waffen, die eine schnelle Reaktion ermöglichen, weil kein Mensch mehr den endgültigen Befehl zum Angriff geben muss, verboten werden soll.

PHILOS
DER
KÜNSTL
INTELL

O P H I E

I C H E N
I G E N Z

KI soll menschliches Verhalten simulieren – sie soll rechnen oder, im Falle von Androiden, mit menschenähnlicher Agilität mit der Umwelt interagieren. Da KI jedoch immer leistungsfähiger wird, stellt sich die Frage, wo wir die Grenze zwischen dem Menschlichen und dem Künstlichen ziehen sollten. Oder anders ausgedrückt: An welchem Punkt sollten wir sagen, dass eine KI tatsächlich eine Person ist – dass sie alle Eigenschaften eines Menschen besitzt und ihr daher Rechte zugestanden werden sollten? Die Philosophie der KI befasst sich mit dieser zentralen Frage. Sie untersucht die Konzepte des freien Willens und des Bewusstseins und fragt, worin der Unterschied zwischen einer biologisch entstandenen und einer von Menschen geschaffenen Intelligenz besteht.

MENSCHENÄHNLICHE KI

Für viele Wissenschaftler ist die Entwicklung einer Artificial General Intelligence (AGI; künstliche allgemeine Intelligenz) das ultimative Ziel in der KI-Forschung – auch wenn es vielleicht nie erreicht werden wird. Eine AGI wäre so intelligent wie ein Mensch und verfügte vielleicht sogar über weitere menschliche Fähigkeiten, wie Emotionen oder sogar Bewusstsein. Eine andere Bezeichnung für AGI ist »starke KI«. Sie grenzt sich von der »schwachen KI« ab, mit der alle anderen KI-Systeme gemeint sind, die für die Ausführung bestimmter Aufgaben gebaut werden. Im Gegensatz zu einer schwachen KI hätte eine AGI so etwas wie Intuition – die Fähigkeit zu wissen, dass etwas wahr ist, ohne dafür ein bewusstes Urteil fällen zu müssen.

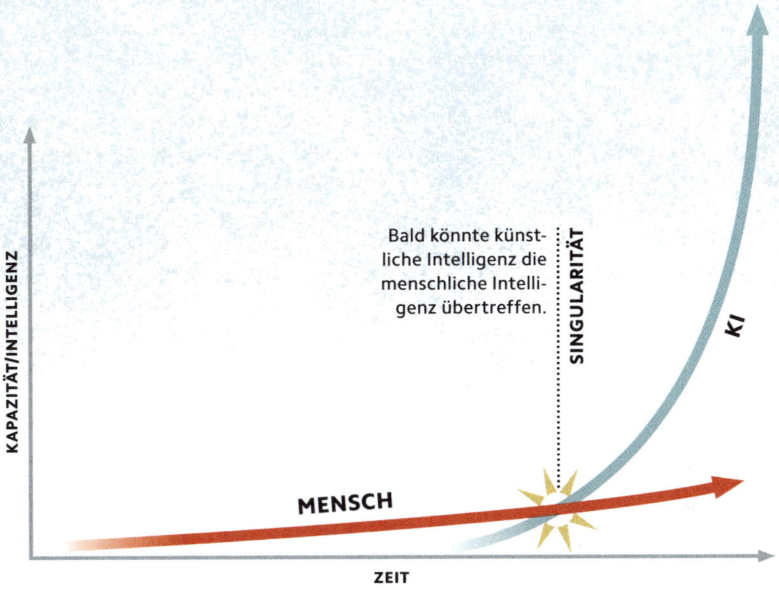

KEIN ZURÜCK MEHR

In der Kosmologie ist eine »Singularität« ein Punkt im Weltall, an dem die bekannten physikalischen Gesetze nicht mehr gelten und ein Phänomen entsteht, das als »schwarzes Loch« bezeichnet wird. In der KI bezeichnet die Singularität den Zeitpunkt, an dem eine Maschine so klug wird wie der Mensch, der sie gebaut hat, und damit klug genug, um sich selbst zu optimieren. Eine solche Maschine wäre in der Lage, mit der blitzschnellen Geschwindigkeit eines Supercomputers zu arbeiten, und würde schnell unglaubliche Fähigkeiten erlangen – einschließlich der Fähigkeit, selbst KI zu entwickeln. Die Singularität könnte also die Welt in einer Weise verändern, die wir schlichtweg nicht vorhersagen können.

WO SITZT DAS BEWUSSTSEIN?

Seit Jahrhunderten debattieren Philosophen über die Frage, wie Geist und Verstand zusammenwirken – oder, allgemeiner ausgedrückt, wie so etwas wie Bewusstsein in einer physischen Welt überhaupt existieren kann. Die Debatte intensivierte sich im 17. Jahrhundert, als Wissenschaftler die These aufstellten, das Universum sei wie eine Maschine – ein Mechanismus, dessen Funktionieren im Prinzip vorhersehbar ist. Der deutsche Philosoph Gottfried Leibniz (1646–1716) erklärte jedoch, wenn die physische Welt mechanisch sei, dann müsse das menschliche Gehirn mit dem Rest des Körpers durch die biologische Entsprechung von Zahnrädern und Riemenscheiben verbunden sein. Wenn das aber der Fall wäre, so argumentierte er, dann gebe es im Gehirn keinen Platz für das Bewusstsein, das seiner Meinung nach nicht mechanisch erklärt werden könne.

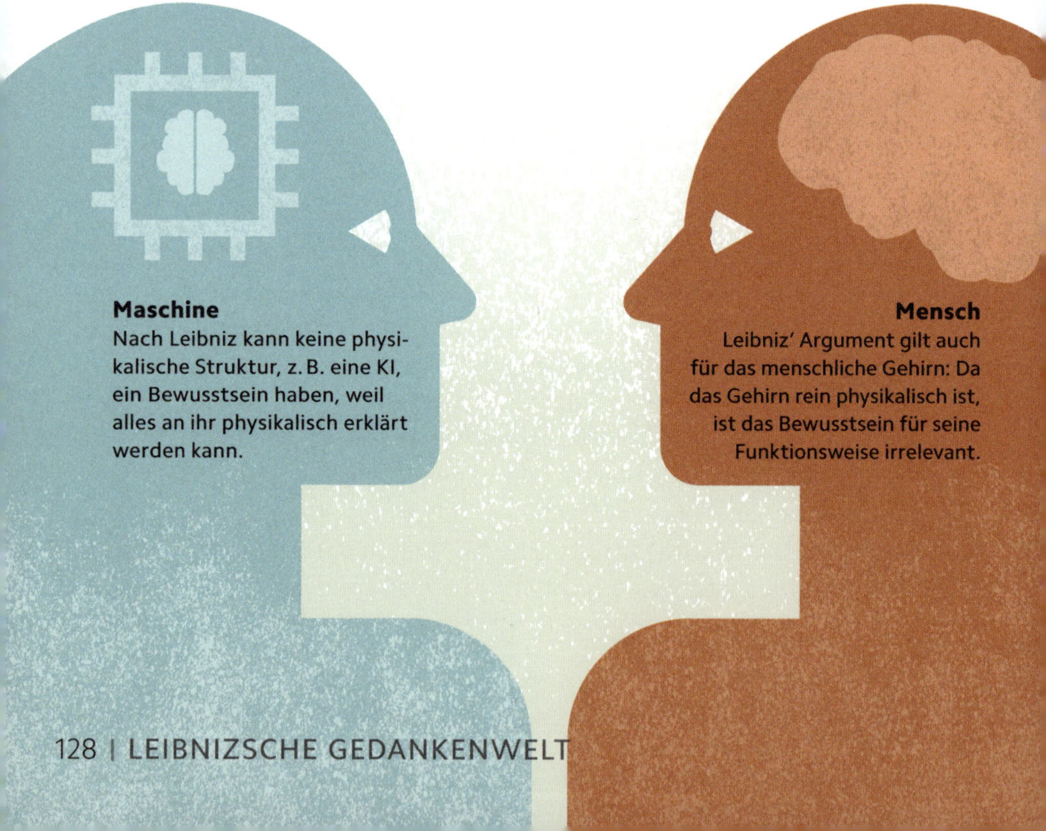

KÖNNEN U-BOOTE SCHWIMMEN?

»Die Frage, ob Maschinen denken, [ist] zu bedeutungslos und daher keiner Diskussion würdig.«
Alan Turing

Heute halten viele Wissenschaftler Debatten darüber, wie der Verstand mit dem Körper interagiert (siehe S. 128), für müßig und meinen, der Verstand sei einfach das arbeitende Gehirn – das Äquivalent zu einer Software, die auf der Hardware des Gehirns läuft. Dieser als »Funktionalismus« bekannte Ansatz wurde von dem niederländischen Informatiker Edsger Dijkstra (1930–2002) auf den Punkt gebracht: »Die Frage, ob ein Computer denken kann, ist ebenso überholt wie die Frage, ob ein U-Boot schwimmen kann.« Ob wir also behaupten, dass eine KI »denken« oder »Bewusstsein haben« kann, ist lediglich eine Frage sprachlicher Konvention und nicht wissenschaftlicher Erkenntnis. Funktionalisten konzentrieren sich auf das, was die Dinge tun, und nicht auf das, was sie sind – wenn wir also erklären, dass U-Boote »schwimmen«, dann schwimmen sie auch.

DAS IMITATIONS-SPIEL

Alan Turing (siehe S. 18–19) hat den nach ihm benannten Turing-Test entwickelt, mit dem man beurteilen sollte, ob eine Maschine intelligent ist oder nicht. Der Test basiert auf einem viktorianischen Gesellschaftsspiel, bei dem eine Person versucht, anhand der Antworten auf bestimmte Fragen herauszufinden, ob eine andere Person, die sich hinter einem Vorhang versteckt, männlich oder weiblich ist. Beim Turing-Test werden ein Mensch und eine Maschine »versteckt«, und ein Prüfer stellt ihnen mathematische Aufgaben. Beantworten beide die Fragen korrekt, kann der Prüfer nicht sagen, welcher der beiden die Maschine ist. Die Maschine hat somit den Test bestanden und kann als intelligent bezeichnet werden.

»Wenn man von einer Maschine erwartet, dass sie unfehlbar ist, kann sie nicht auch noch intelligent sein.«

Alan Turing

MESSBARE INTELLIGENZ

Der Turing-Test ist der bekannteste Test für KI (siehe S. 130–131), aber er ist nicht der einzige. Beim »Kaffeetest« muss ein KI-Roboter in der Wohnung einer beliebigen Person eine Tasse Kaffee kochen. Beim »Flatpack-Test« muss ein KI-Roboter ohne Hilfe ein Möbelstück zusammenbauen. Der »Beschäftigungstest« fragt schließlich, ob ein KI-Roboter auf menschlichem Niveau einen Menschen in einem bestimmten Beruf ersetzen könnte (siehe S. 146).

»Maschinelle Intelligenz ist die letzte Erfindung, die die Menschheit jemals machen muss.«

Nick Bostrom

KÖNNEN MASCHINEN DENKEN?

Der amerikanische Philosoph John Searle (geb. 1932) widerlegte die These, dass Maschinen denken können, indem er argumentierte, dass Maschinen zwar Regeln befolgen könnten, aber nicht in der Lage seien, sie zu verstehen (siehe S. 130–131). In einem Gedankenexperiment, das er das »Chinesische Zimmer« nannte, stellte sich Searle eine Person in einem Raum vor, die schriftliche Fragen auf Chinesisch erhält. Wäre die Person im Besitz des entsprechenden Regelwerks, könnte sie die Fragen schriftlich beantworten, ohne die Fragen oder Antworten tatsächlich zu verstehen. Searle argumentierte, dass die Behauptung, ein Computer könne denken, mit der Behauptung vergleichbar sei, die Person in dem Beispiel verstünde Chinesisch.

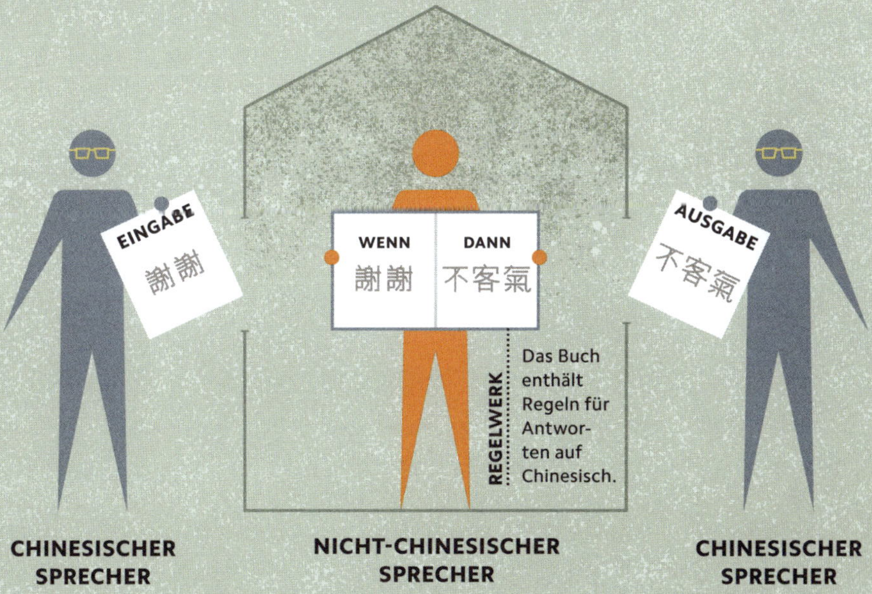

PHILOSOPHISCHE ZOMBIES

Viele Philosophen stellen infrage, ob eine KI jemals ein Bewusstsein haben (siehe S. 128–129) oder so lebendig wie Organismen sein könnte. Einige behaupten, dass solche Entwicklungen unmöglich seien, da KI Maschinen sind und speziell dafür entwickelt wurden, menschliches Verhalten zu imitieren. Falls dies zutrifft, wären selbst die lebensechtesten KI-Systeme (siehe S. 126) wie Zombies: Sie hätten kein »Innenleben« und könnten nur simulieren, dass sie Gefühle, Interessen, Vorlieben oder Meinungen haben.

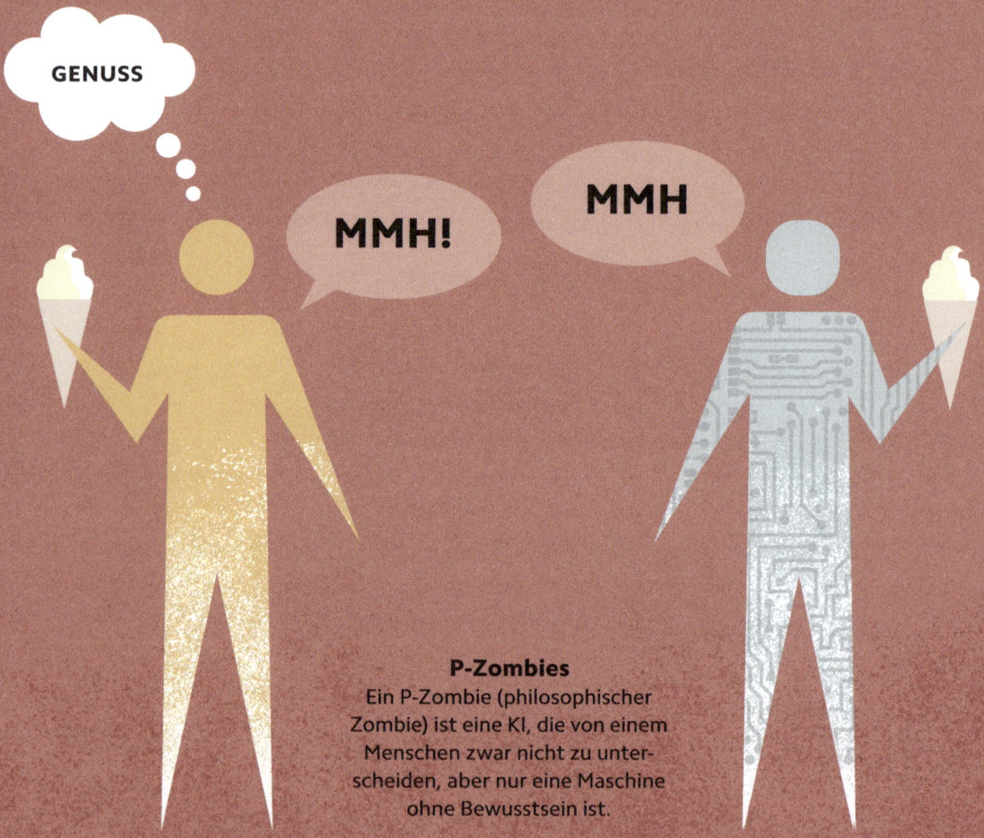

P-Zombies
Ein P-Zombie (philosophischer Zombie) ist eine KI, die von einem Menschen zwar nicht zu unterscheiden, aber nur eine Maschine ohne Bewusstsein ist.

EINE NEUE ART MENSCH

Einige Personen argumentieren, dass KI eines Tages so lebensecht sein wird, dass sie wie ein Mensch behandelt werden sollte. Da Menschen aufgrund ihres freien Willens Rechte haben, befürworten sie, dass KI, die einen »Willenfreiheitstest« bestehen, den gleichen rechtlichen Schutz genießen sollten. Eine KI könnte also in Zukunft das Recht an ihrem geistigen Eigentum beanspruchen und sogar für Fehler bestraft werden. Rechtlich gesehen wäre eine solche KI keine Maschine mehr, sondern eine Person – also eine neue Art Mensch.

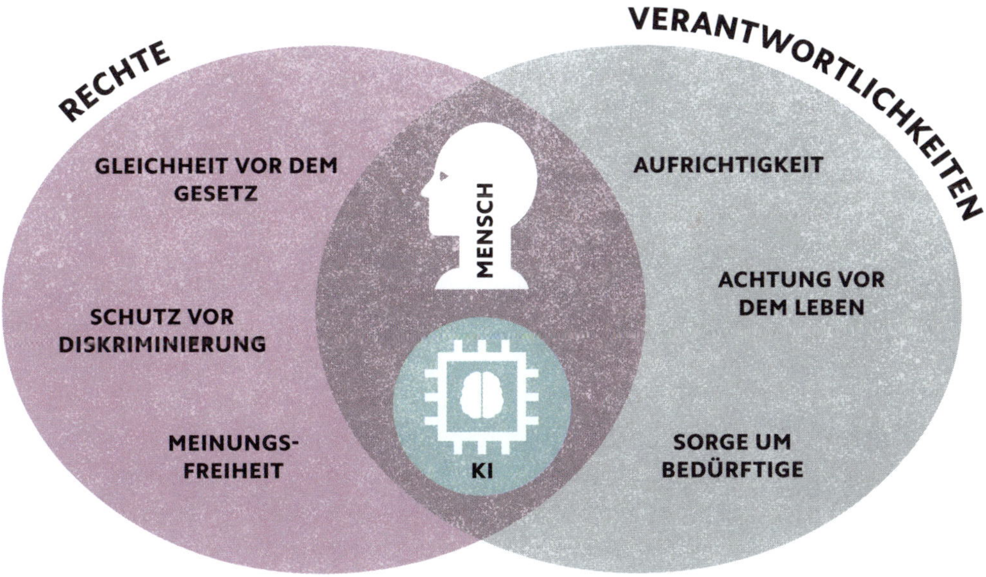

Menschsein
Wenn eine KI wie eine Person behandelt wird, hätte sie sowohl Rechte als auch Pflichten.

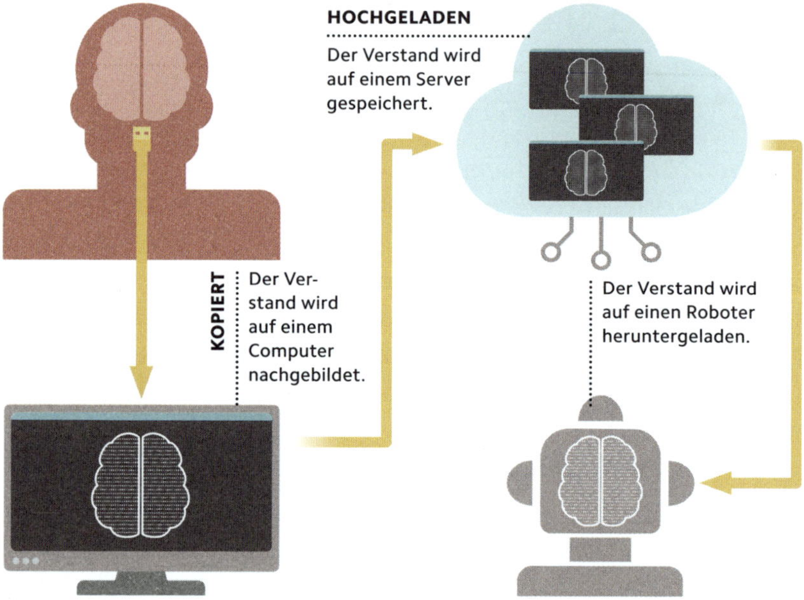

DEN VERSTAND NACHBILDEN

Nach dem Prinzip der multiplen Realisierbarkeit (siehe S. 20) können dieselben Computerprogramme auf verschiedenen Geräten ausgeführt bzw. »realisiert« werden. Computationalisten (siehe S. 12) zufolge ist das menschliche Denken berechenbar und kann daher sowohl von einer Maschine als auch von einem Gehirn umgesetzt werden. Wenn das zutrifft, sollte es möglich sein, ein Programm zu schreiben, das den menschlichen Verstand nachbildet und dann wie jedes andere Programm kopiert und übertragen werden kann. Das würde bedeuten, dass der Verstand eines Menschen auf einen entfernten Server hochgeladen, auf einen Roboter heruntergeladen und sogar unzählige Male dupliziert werden könnte.

TRANSPARENTES DENKEN

Der Philosoph Ludwig Wittgenstein (1889–1951) war der Ansicht, dass die Gedanken eines Menschen wie Objekte in einer geschlossenen Kiste sind – einer Kiste, in die nur er selbst »blicken« kann. Wir können nie wissen, was ein anderer Mensch wirklich denkt oder was genau die Dinge für ihn bedeuten, da die »Kiste« für uns verschlossen ist. Eine maschinelle Intelligenz hingegen kann auf eine Art untersucht werden, die bei einem menschlichen Verstand nicht möglich ist. Wenn die Maschine sagt, sie denke an einen Käfer, könnte ihre Programmierung offengelegt werden – »die Kiste geöffnet werden« –, um zu zeigen, was genau sie mit »Käfer« meint. Solche Entwicklungen könnten wiederum zu einem besseren Verständnis der Mechanismen des menschlichen Bewusstseins und Denkens beitragen.

L E B E N
K Ü N S T
I N T E L L

MIT
LICHER
IGENZ

Wie der Verbrennungsmotor und das Internet ist auch die KI eine Allzwecktechnologie, die unser Leben verändert. Es besteht kein Zweifel, dass die KI auf Dauer Bestand haben wird. Die Frage ist nur: Wie passen wir uns an? Die Gesellschaft kämpft bereits mit KI-bedingter technologischer Arbeitslosigkeit, algorithmischen Verzerrungen, die die soziale Ungleichheit verschärfen, und einer völlig neuen Art von Konflikten: das Führen von Cyberkriegen. Einige Forscher behaupten sogar, dass KI eine Bedrohung für unsere Spezies darstellt. Doch KI verbessert unser Leben auch auf unschätzbare Weise, insbesondere in den Bereichen Medizin, Finanzen und Landwirtschaft. Wie sichergestellt werden kann, dass KI nur zum Guten eingesetzt wird, bleibt ein dringendes und noch ungelöstes Thema in der öffentlichen Debatte.

MYTHOS ODER REALITÄT?

Der Begriff »KI« wird zuweilen verwendet, um überzogene Behauptungen über mögliche Bedrohungen oder auch Vorteile des maschinellen Lernens aufzustellen (siehe S. 58–59). Einige dieser KI-Mythen wecken Ängste, indem sie Killerroboter, bösartige Algorithmen und andere existenzielle Risiken vorhersagen (siehe S. 154). Andere blähen die Macht des maschinellen Lernens auf und behaupten, dass KI selbstbestimmt – also in der Lage, selbst zu denken – und dass sie objektiv, effizient und mächtig sei. In Wirklichkeit haben KI-Anwendungen bestenfalls begrenzte und spezifische Fähigkeiten und können nicht selbstständig denken. Sie können nur das, wozu sie programmiert wurden. KI wird mit der Zeit immer leistungsfähiger werden, aber sie wird nur dann zu einer Gefahr für die Menschheit, wenn der Mensch dies möglich macht. Die einzigen wirklichen Bedrohungen, die es gibt, sind die Vorurteile, Absichten und Beschränkungen der Programmierer und die zum Training verwendeten Daten (siehe S. 142–145).

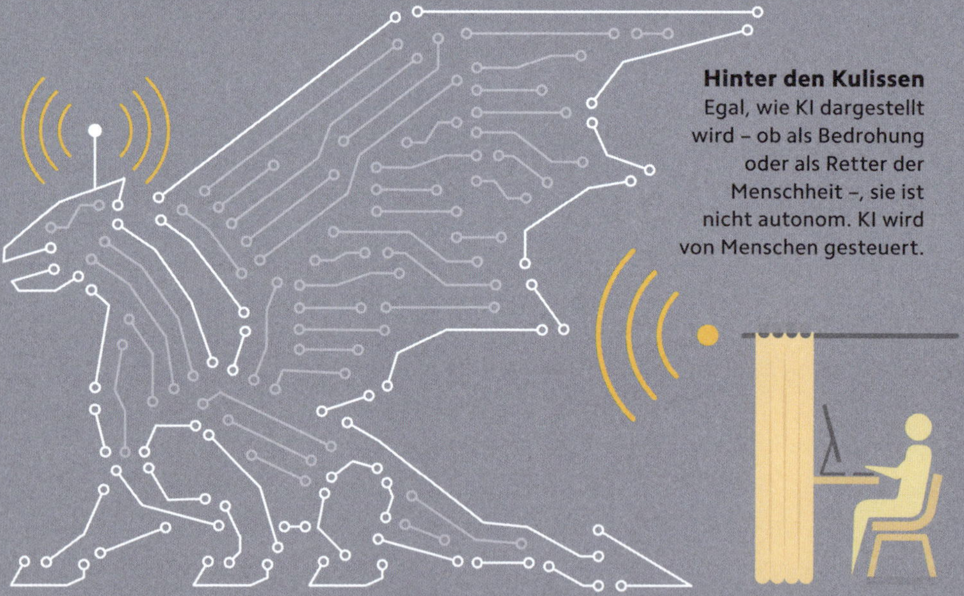

Hinter den Kulissen
Egal, wie KI dargestellt wird – ob als Bedrohung oder als Retter der Menschheit –, sie ist nicht autonom. KI wird von Menschen gesteuert.

AUSBEUTERISCHE KI?

Hinter der heutigen KI steckt enorm viel menschliche Arbeit. Millionen Arbeiter sind nötig, um KI zu trainieren (z. B. um Bilder zu kennzeichnen oder missbräuchliche Inhalte zu markieren). Anders als die gut bezahlten Ingenieure leben diese Arbeiter oft in Ländern mit schlechten Löhnen und Rechten. Kritiker meinen, dass die KI die Menschen keineswegs von mühsamer Arbeit befreit (siehe S. 155), sondern derzeit das Gegenteil bewirkt. Zudem beruht generative KI (siehe S. 115 und S. 117) auf Daten, die aus dem Internet gesammelt wurden – auch Bücher und Kunstwerke mit Urheberrechtsschutz –, ohne dass deren menschliche Schöpfer zustimmen oder entschädigt werden. Kreativberufe erhalten also starke Konkurrenz durch eine KI, die mit ihren eigenen Werken trainiert wurde.

Die unsichtbaren Arbeiter
Viele der ausgefeiltesten KI-Systeme werden von schlecht bezahlten Arbeitern trainiert, die eintönige, sich wiederholende Aufgaben erledigen.

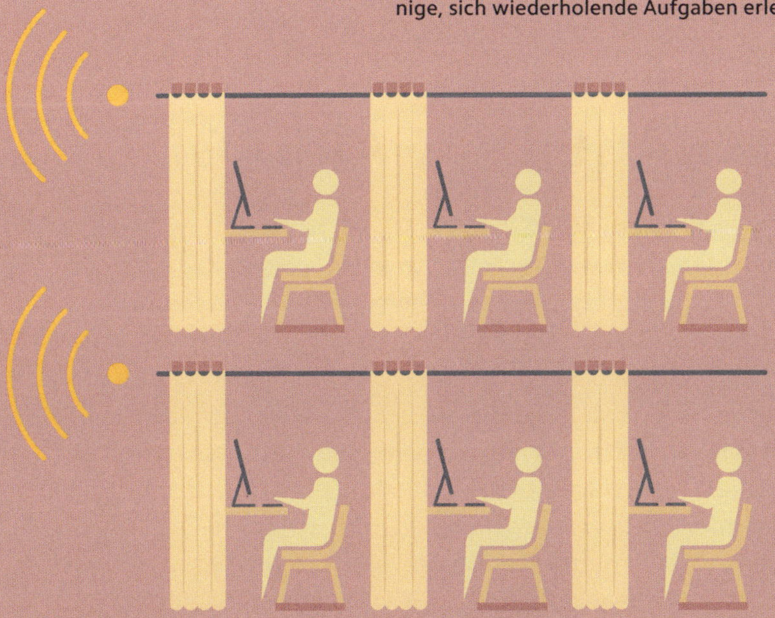

GARBAGE IN, GARBAGE OUT

Maschinelles Lernen (siehe S. 58–59) ist nur so gut wie die Daten, mit denen diese Netze trainiert werden. Die häufigste Ursache für ungenaue Ergebnisse eines KI-Systems sind Trainingsdaten von schlechter Qualität, d. h. Eingabedaten, die unvollständig, schlecht gekennzeichnet, voller Fehler oder verzerrt sind (siehe S. 143). So liefert z. B. prädiktive KI (siehe S. 70–71), die mit inkonsistenten und falschen historischen Daten trainiert wurde, unbrauchbare Vorhersagen. In der Informatik wird der Umstand, dass schlechte Eingaben zu schlechten Ergebnissen führen, mitunter auch als »Garbage in, garbage out« oder »GIGO« zusammengefasst.

VOREINGENOMMENE ERGEBNISSE

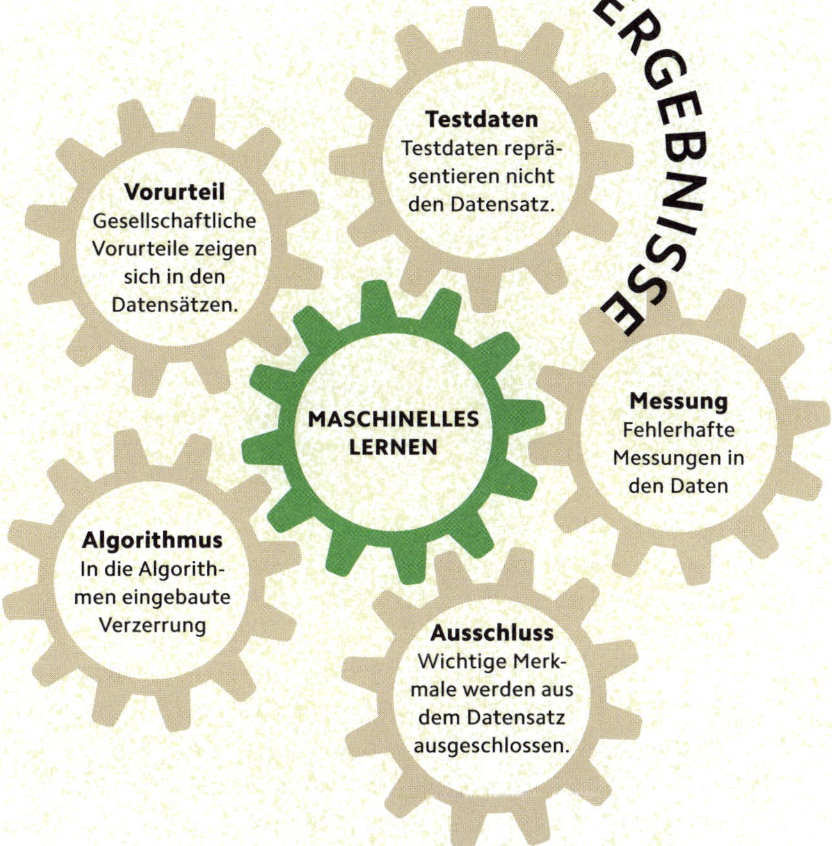

Der Begriff »kognitive Verzerrung« wird für KI-Systeme verwendet, die voreingenommene Ergebnisse für bestimmte Gesellschaftsgruppen produzieren. Diese Verzerrungen spiegeln häufig Vorurteile über Geschlecht, ethnische Zugehörigkeit, Kultur oder Alter wider. Sie gehen meist von den Programmierern selbst aus, und zwar über deren Algorithmen und Interpretation der Ergebnisse sowie aus den Trainingsdatensätzen für die KI (siehe S. 142). Daher testen Programmierer ihre Modelle, damit sich gesellschaftliche Vorurteile nicht in ihren Ergebnissen widerspiegeln, und verwenden repräsentative Datensätze.

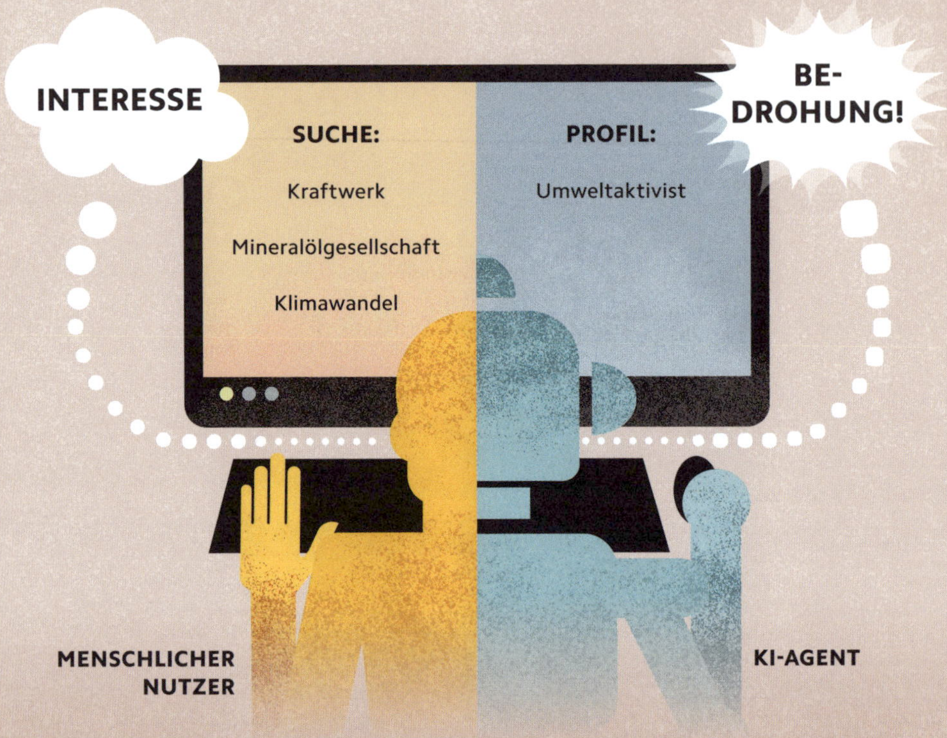

ANNAHMEN FORMULIEREN

Die Verwendung personenbezogener Daten zur Vorhersage künftiger Wünsche, Meinungen und Aktivitäten einer Person wird als »Profiling« bezeichnet. In der KI können Tools für maschinelles Lernen auf großen Datensätzen trainiert werden, um Experten für Vorhersagen zu werden, z. B. für die Art von Internetinhalten, die ein Nutzer auf der Grundlage seiner Nutzungshistorie sehen möchte. Die Erstellung von Profilen kann jedoch problematisch sein, da sie aufgrund von Verzerrungen in Datensätzen und Algorithmen zu falschen und sogar schädlichen Vorhersagen führen kann (siehe S. 143). Um solche Verzerrungen zu vermeiden, müssen die Entscheidungsprozesse der KI transparent sein (siehe S. 145).

TRANSPARENTE PROZESSE

Modelle des maschinellen Lernens verarbeiten Daten und treffen Vorhersagen mithilfe hochkomplexer künstlicher neuronaler Netze (KNN, siehe S. 76). Das Innenleben dieser Modelle wird oft als »Blackbox« bezeichnet, da sie zu kompliziert und abstrakt sind, um von Menschen »eingesehen« zu werden. Sie produzieren also Ergebnisse, die nicht richtig verstanden oder auf Fehler und Verzerrungen überprüft werden können. Ein alternativer Ansatz ist die Erklärbarkeit beim maschinellen Lernen, bekannt als »Whitebox-Modelle«. Sie sind so konzipiert, dass sie nicht nur das Ergebnis, sondern auch eine Aufschlüsselung der Prozesse liefern, die sie zu diesem Ergebnis geführt haben.

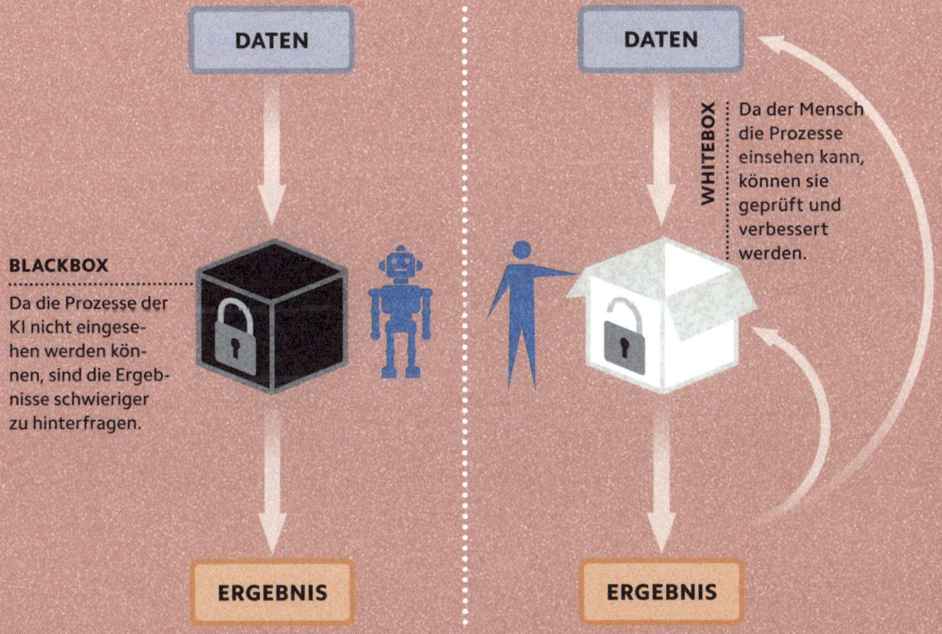

KI ALS ARBEITSKRAFT

Wenn Menschen in der Arbeitswelt durch Maschinen ersetzt werden, wird das als »technologische Arbeitslosigkeit« bezeichnet. Bis jetzt hat dieses Phänomen noch nicht zu Massenarbeitslosigkeit geführt, da Maschinen die Produktivität erheblich steigern, was wiederum die Wirtschaft ankurbelt und neue Arbeitsplätze schafft. Wenn die KI jedoch den Beschäftigungstest besteht (siehe S. 132) und das Intelligenzniveau einer AGI erreicht (siehe S. 126), dann könnten für den Menschen eines Tages nur noch wenige Arbeitsplätze übrig bleiben. Dann würden Regierungen vor der Herausforderung stehen, wie sie die Massen von Arbeitslosen unterstützen können, wozu auch ein bedingungsloses Grundeinkommens für alle Menschen unabhängig von ihrer Arbeit gehören könnte.

KI ALS AUSGLEICH

Gleichgewicht der Kräfte
Der demokratische Ansatz bei der KI will sicherstellen, dass die Technologie allen zugutekommt und nicht einer reichen, mächtigen Elite.

KI kann die Produktivität steigern und Einkommen und Perspektiven ermöglichen. Werden diese Vorteile von allen geteilt, könnten sie eine gerechtere Welt schaffen. Liegen sie aber in den Händen der Reichen und Mächtigen, wird die Kluft zwischen Arm und Reich noch größer werden. Verzerrungen bei der Entwicklung, den Daten und der Art und Weise, wie und wo KI eingesetzt wird, können die soziale Kluft verschärfen, Ungleichheit verstärken und zu gefährlichen und diskriminierenden Anwendungen führen. Zu den Versuchen, diese Risiken zu mindern, gehören ein inklusives Design und die Einbettung von Werten wie Fairness und Verantwortlichkeit in die KI-Systeme.

ZUTRITT VERBOTEN

Abweichende Meinungen werden ausgeschlossen.

EINE ECHOKAMMER

KI-Algorithmen werden zunehmend verwendet, um Online-Inhalte zu bündeln – z. B. in den sozialen Medien. Damit werden unbeabsichtigt »Filterblasen« geschaffen, bei denen den Menschen nur Inhalte angezeigt werden, die mit ihrer eigenen Meinung übereinstimmen oder diese verstärken, während alternative Ansichten herausgefiltert werden. Dies geschieht aufgrund von »Empfehlungsalgorithmen« (siehe S. 95), die den Nutzern immer wieder Inhalte zeigen, die sie bereits so oder ähnlich in der Vergangenheit gesehen haben – was ein voreingenommenes Denken fördert.

EINTRITT ERWÜNSCHT

Passende Meinungen sind die einzigen, die sich durchsetzen.

KEINE KONTROLLE

Manche Menschen fürchten für die Zukunft, dass KI versuchen wird, die Kontrolle über ihre eigenen Handlungen zu erlangen.

DIE GRENZEN DER KONTROLLE

Die Schurken-KI aus dystopischen Science-Fiction-Filmen sind zwar erfunden, aber ihnen liegt ein ernstes Problem zugrunde: mangelnde Kontrolle. Wenn eine KI ihren Nutzen maximieren soll, muss sie bis zu einem gewissen Grad autonom sein – sie muss also in der Lage sein, unabhängige Entscheidungen zu treffen. Doch je autonomer und leistungsfähiger eine KI wird, desto schwieriger wird sie zu kontrollieren sein. Eine völlig autonome KI könnte in der Lage sein, die Anweisungen ihrer Programmierer zu ignorieren oder ihnen zu widersprechen und sogar aktiv Maßnahmen zu ergreifen, um ihre Unabhängigkeit zu wahren. Sobald sich eine KI dem menschlichen Einfluss und der Kontrolle entzieht, wäre ihr Verhalten unvorhersehbar.

RICHTIG ODER FALSCH

Da KI-Systeme immer intelligenter werden, gewinnt die Frage, wie sichergestellt werden kann, dass sie sich ethisch korrekt verhalten, immer mehr an Bedeutung (siehe S. 151). Da die Instrumente des maschinellen Lernens weder über Selbstbestimmung noch über Werte verfügen, kann man sich nicht darauf verlassen, dass ihre Vorschläge und Entscheidungen im besten Interesse der Menschheit liegen oder keine gesellschaftliche Gruppe gegenüber einer anderen bevorzugen. Es kann nur sichergestellt werden, dass KI ethisch denkt, wenn sie mit ethischen Grundsätzen programmiert wird. Dann stellt sich jedoch die Frage, wessen Ethik das sein soll. Im Idealfall sollte eine KI alle Menschen gleichermaßen respektieren und in der Lage sein, Vorurteile zu erkennen und auszugleichen.

UNETHISCHES DESIGN

ETHISCHES DESIGN

Blackbox
Entscheidungsfindung ist nicht transparent. Der Mensch kann nicht erkennen, warum die KI eine Entscheidung getroffen hat.

Whitebox
Entscheidungsfindung ist transparent. Wie eine KI entscheidet, ist ersichtlich und kann beurteilt werden.

Datenschutzverletzungen
Der Einzelne hat keine Kontrolle über seine Daten; man weiß nicht, wer sie einsehen kann oder wie sie verwendet werden.

Datenschutz
Persönliche Daten bleiben privat; der Einzelne behält die Kontrolle darüber, wer sie sehen kann und wie sie verwendet werden.

Algorithmische Verzerrung
Verzerrung ist bei KI inhärent, und wer die KI kontrolliert, hat die meiste Macht.

Gerechter Algorithmus
Von der Datenerfassung bis zur Endanwendung wird gegen die Verzerrung gearbeitet.

INTEGRIERTE ETHIK

Damit sich KI ethisch verhält (siehe S. 150), könnte sie mit bestimmten ethischen Regeln oder Gesetzen programmiert werden. Das klassische Beispiel hierfür findet sich in den Science-Fiction-Geschichten von Isaac Asimov (1920-1992), der die »Drei Gesetze der Robotik« formulierte (s. o.). Wie aus seinen Geschichten hervorgeht, sind diese Gesetze jedoch alles andere als narrensicher, da selbst die einfachsten Regeln zu Widersprüchen führen können. So kann eine KI z. B. angewiesen werden, einem Menschen keinen Schaden zuzufügen, auch wenn dies die einzige Möglichkeit ist, das Leben einer Person zu retten.

WER IST SCHULD?

Einige Forscher meinen, dass KI eines Tages nicht nur so intelligent wie Menschen sein wird, sondern auch eine menschenähnliche Persönlichkeit haben wird und ihr daher Menschenrechte zuerkannt werden sollten (siehe S. 135). Wenn einer KI solche Rechte zugestanden werden, müsste der Gesetzgeber entscheiden, wo die Grenze gezogen werden soll, ab der die KI oder ihre Hersteller für ihre Handlungen verantwortlich sind. Wird die KI für schuldig befunden, da sie aus freiem Willen gehandelt hat, müsste sie die entsprechenden Sanktionen oder Strafen für ihre Handlungen tragen. Wie von einem Menschen könnte auch von ihr verlangt werden, dass sie für ihre Taten Wiedergutmachung leistet und bereit ist, ihren Charakter zu ändern.

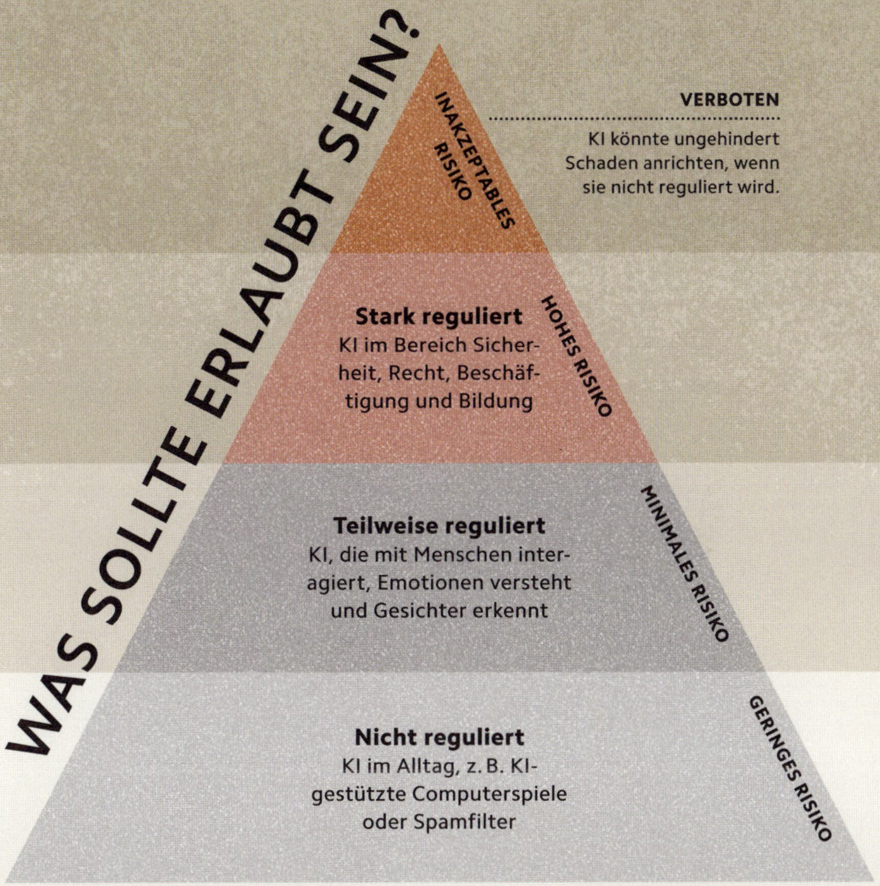

Die Besorgnis über die Gefahren, die in der Zukunft von KI ausgehen könnten, hat den Ruf nach einer Regulierung der KI-Forschung laut werden lassen. Viele Wissenschaftler argumentieren jedoch, dass eine Regulierung der Forschung die Innovation bremsen und Ländern ohne Regulierung einen gefährlichen Vorteil verschaffen würde. Ein Kompromiss, der von der Europäischen Union vorgeschlagen wurde, sieht vor, die Regulierung nach dem Risiko zu staffeln. KI-Anwendungen mit geringem Risiko sollten kaum oder gar nicht reguliert werden, Anwendungen mit hohem Risiko sollten kontrolliert und die riskantesten Anwendungen sollten verboten werden.

EXISTENZIELLE RISIKEN

Eine mögliche Bedrohung durch KI ist das sogenannte Ausrichtungsproblem, bei dem die Ziele und Werte einer KI nicht mit denen der Menschheit übereinstimmen. Das »Zauberlehrlingssyndrom«, benannt nach einer Szene im Disney-Zeichentrickfilm »Fantasia«, in der ein Zauberlehrling einen Besen sich unkontrolliert vermehren lässt, veranschaulicht das Problem treffend in Form eines Gedankenexperiments. Eine KI erhält den Auftrag, die Produktion von Büroklammern zu optimieren, glaubt aber, dass ihre Aufgabe erst dann erfüllt ist, wenn sie den gesamten Planeten in Büroklammern umgewandelt hat. Sie tut dies, weil sie nicht erkennt, dass sie dem menschlichen Leben Vorrang vor der Produktion von Büroklammern einräumen muss.

UNBEGRENZTE BELOHNUNG

Viele KI-Forscher glauben, dass KI ein goldenes Zeitalter für die Menschheit einleiten wird – eine Zeit, in der Maschinen grenzenlosen Reichtum und Wohlstand schaffen werden. Sie sind der Ansicht, dass der Mensch durch leistungsfähigere KI, die all seine Arbeiten übernimmt, endlich Zeit für seine Freizeitaktivitäten und die Erfüllung seiner persönlichen Träume haben werde. Dann werde es keine Ressourcenknappheit mehr geben und damit auch keine Verbrechen, Kriege oder Ungerechtigkeiten, und die KI werde in der Lage sein, uns dabei zu helfen, die verbleibenden Probleme der Welt zu lösen – von Krankheiten bis zur globalen Erwärmung.

REGISTER

Die **fett gedruckten** Seitenzahlen beziehen sich auf Haupteinträge.

L

M

N

U

V

W

Z

DANK

DK möchte sich für die Unterstützung bei diesem Buch bedanken bei: Vanessa Hamilton, Mark Lloyd und Lee Riches für die Illustration; Alexandra Beedon für das Korrektorat; Helen Peters für das Register; Jackets Coordinator Priyanka Sharma.

Cover: *Vorn:* Dreamstime.com: Davooda mo, mo/ (Modul), mro, m, mu, mru, um, um/ (AE), ur, mlo, ml, m/ (Klassifikation), m, mlu, ul, mu/ (OSB).

ZITATNACHWEIS

Wenn nicht anders angegeben, wurden die Zitate frei übersetzt.

24 John von Neumann, *Die Rechenmaschine und das Gehirn,* übersetzt von Charlotte und Heinz Gumin, München: Oldenbourg 1991 **41** Jeff Bezos, 29.4.2017 in *futurism,* https://futurism.com/amazon-ceo-perfectly-explains-ai-just-two-sentences **47** Pierre Simon Laplace, *Philosophischer Versuch über die Wahrscheinlichkeiten,* übersetzt von Norbert Schwaiger, Leipzig: Duncker & Humblot, 1886, S. 191 **88** Geoffrey Hinton, https://www.livemint.com/opinion/artificial-intelligence-and-what-it-owes-a-man-who-never-sits-down-11652373466803.html **93** Gemma Whelan, https://www.supplychaintoday.com/artificial-intelligence-changes-everything/ **129** Alan Turing, *Mechanical Intelligence: Collected Works of A.M. Turing,* (1992) **131** Alan Turing in einem Vortrag vor der London Mathematical Society, 20.02.1947, zitiert nach B. E. Carpenter und R. W. Doran (Hrsg.), *A. M. Turing's ACE Report of 1946 and Other Papers,* The MIT Press 1986 **132** Nick Bostrom, https://www.ted.com/talks/nick_bostrom_what_happens_when_our_computers_get_smarter_than_we_are?language=en

Noch mehr Wissenschaft & Technik

ISBN 978-3-8310-3794-0

ISBN 978-3-8310-5229-5

ISBN 978-3-8310-4859-5

ISBN 978-3-8310-4519-8

DK

www.dk-verlag.de

Neugierig auf mehr?